NOUVELLE

# CACOGRAPHIE.

Le Corrigé ne se vend qu'aux pères et aux mères, aux instituteurs et aux institutrices.

---

Les Ouvrages suivants de M. Charles-Constant LE TELLIER sont adoptés pour l'usage des Demoiselles élèves de la Maison royale de *Saint-Denis*, et des autres Maisons des Ordres royaux :

1° Nouveau Dictionnaire de la Langue Française, 7e édition.

2° Géographie des Commençants, 36e édition.

3° Histoire Sainte, 19e édition.

4° Histoire Ancienne, 5e édition.

5° Histoire de France, 21e édition.

6° Les divers ouvrages de Grammaire.

---

Imprimerie de J.-B. GROS, rue du Foin Saintt-Jacques, 18

# NOUVELLE
# CACOGRAPHIE,

OU

EXERCICES SUR LES PARTICIPES ET LES PRINCIPALES DIFFICULTÉS DE LA LANGUE FRANÇAISE; SUIVIS D'UN CHOIX DE SUJETS DE LETTRES ET DE COMPOSITIONS PROPRES A FORMER LE STYLE ET LE JUGEMENT DES ÉLÈVES.

PAR CHARLES-CONSTANT LE TELLIER,
Professeur de Belles-Lettres,
Membre de la Société de statistique universelle.

TRENTE-UNIÈME ÉDITION.



PARIS,
BELIN-LE-PRIEUR, LIBRAIRE,
rue Pavée-Saint-André-des-Arcs, n° 5.

1842.

# AVIS.

Suivant jugement du Tribunal de police correctionnelle de Limoges, en date du 4 avril 1832, le sieur BARBOU, *imprimeur-libraire à Limoges, a été déclaré coupable d'avoir débité des exemplaires contrefaits de la Cacographie et de la Grammaire française de* LE TELLIER, et a été en conséquence condamné à l'amende et à des dommages-intérêts au profit de BELIN-LE PRIEUR, éditeur-propriétaire desdits ouvrages.

Les Exemplaires exigés par la loi ont été déposés.

# CACOGRAPHIE.

## PREMIER EXERCICE.

Les soirie que je vous ai vandu ont exsité ladmiracion de tous ceus a qui je les ai faits voire avent de vous les envoyez. Mais les indiénes que vous mavez livré nont parus belle a personne. Je vous les ai cepandent peyé fort chere, et je craints bien de ne pouvoire point en retirez les somme quelle m'ont couté. Les épiceris que nous avons tiré du Levant sont arivé a bon port. Les deus veiceau qui nous les ont aporté ont été ataqué plusieures fois par des veiceau anglais, et il se sont vu souvant au momant d'etre pris, mais il ce sont toujour deffandu vaillamant, et sont parvenu a repoussez tout les ennemi qui se sont rencontré sur leur passage. Je ne sçaurais vous dire tous les denger qu'ils ont couru, et auquel il se sont soustrait ou qu'ils ont sçu éloigner par la prudanse et le courage de ceus qui les montait. Quelque sacrifices que mes sœur ait fait en faveure de cette famille ingratte, quelque dure privacions qu'elles se soit imposé, pour venir a son secoure, quelque nombreux quait été les bienfet dont elles lont comblé, elle nont trouvé que des cœur dur et perfide. Aussi quelque soit les malheurs qu'éprouve desormais ces mechante gens, mes sœur sont décidé a les abandoner a leur infortune et a leur pervercité.

## II.

Les deus operas que vous m'avez envoyé, et que vous mavez engagé a lire, étaincèle de milles beauté. Je les ai lu a mes sœur, qui se sont plu a rendre a lauteur toute la justisse qui lui est dû. — Je ne sçais si je vous ai raconté les accidans et les paine qui sont survenu a nos jeune paraate dans les deus dernier voyage quelle ont fait. Elle sont arrivé avant hier au soir, et je les ai vu hier matin. Elle mont appris elle meme les desagrement et les mesavanture quelles ont essuyé pendant leur absence. Cette couple de pigeon que vous nous avez servi a notre dinez sont-il le produit de ce couple de pigeon que je vous ai donné pour peupler votre voliere? Quelque tors que jai a me reprocher a votre égart, quelques juste sujets de plaintes que je vous ai donné, quelque ait été ma conduite envers vous depui six mois, jose espérer cepandant que vous me randrez vos bonne grace, que je vous ai avoué plusieurs fois que javois perdu par ma faute. Votre tente setait attandu a recevoir de vous plus de témoignages de tandresse que vous ne lui en avez donné. Vous vous êtes montré, ma chere ami, trop peu sensible a toute les caresse quelle s'est empressé de vous faire. Je crains que vous nayez perdu son amitié, que vous auriez du chercher a conserver et a augmenter par tout les moyens que je vous avais tant recommendé d'employer.

## III.

Les reproches que vous avez fais a mon fils, ma fille ce les est apliqué a elle meme, par ce quelle a reconnu quelle les avoit mérité. Elle ma avoué quelle ne s'était pas assez ocupé du soin de profiter des lecons que vous avez eu la bonté de lui donner tout l'hyver dernier. Jai du profiter de cet avoeu pour rannimer un peu cette ardeure quelle avoit montré dans les deus premiere année de son éducation. Je lui ai représanté quelle avait fait moin de progrets en un an que sa cousine n'en a fait en quatre mois. Elle est convenu quelle s'est trop laissé aler a la paresse ; et elle sest engagé à faire desormais les plus grans efforts pour repondre a vos soin pour elle.— Les orgue que nous avons entendu lan passé à Vienne (1) me paraisse bien supérieur à lorgue que jai entendu dimanche derniez dans leglize de Saint-Sulpice. Lorgue meme de leglize de Notre-Dame, que vous maviez tant venté, est inférieur aux orgues que nous avons admiré dans les église d'Allemagne. — Il y a vingt et un jour passé que ma fille est parti, et elle ne ma pas encore donné de ses nouvelle. — Le livre que vous mavez preté est un des meilleur que jai jamais lu.

## IV.

### LE CHESNE ET LE ROSEAU.

La Fontaine metait au ran de ses melieures fable selle du Chesne et du Rosau. Avent que de la lirre, esseyons nous meme, dit

(1) Touts les noms propres que nous emploierons dans ces exercices seront toujours écrits comme ils doivent être : ainsi, les élèves n'auront rien à y changer.

labbé *le Batteux*, quel serait les idée que la nature nous présanterait sur ce sujez. Prenons les devant, pour voir si lauteur suivera la meme routte que nous.

Des quon nous anonse le chesne et le rosau, nous somme frapé par le contraste du grant avec le petit, du fort avec le feible. Voila une première idée qui nous est donné par le seule titre du suget. Nous serions choqué, si, dans le récit du poete, elle se trouvait ranvercé de maniere qu'on acorda la forse et la grandeure au rosau, et la petitèce avec la feiblèce au chesne; nous ne manquerions pas de réclamer les droi de la nature, et de dire quelle nes pas randu, quelle nest pas imité. Lauteur es donc lié par le seule titre.

Si lon supose que ces deus plante ce parle, la supozicion une fois acordé, on sant que le chesne doit parler avec hôteure et avec confiense, le rosau avec modesthie et simplicitée; c'est encore la nature qui le demande. Cepandant, come il arive presque toujour que ceus qui prènent le ton hau sont des so, et que les gens modeste ont rézon, on ne serait point surpri ni faché de voir lorgueille du chesne abbatu, et la modesthie du rosau preservé. Mais cette idée est envlopé dans les circonstance dun evenemant quon ne consoit pas encore. Hatons nous de voir coment lauteur la devlopera.

> Le Chesne un jour dit au Rosau :
> Vous avez bien suget dacuser la nature.

Le discour est direc. Le chesne ne dit point au rosau : *qu'il avait bien suget dacuser la nature* ; mais, *vous avez*... Cette maniere est baucou plus vive : on croit entendre les acteur meme : le discour est ce qu'on apèle dramatique. Ce secon vers dalieure contient la proposicion du suget, et marque quelle sera le ton de tout le discour. Le chesne montre deja du santiment et de la conpation, mais de cette conpation orgueulieuse par laquel on fait santire au maleureus les aventage qu'on a sur lui.

V.

> Un roitelot pour vous est un pezan fardau.

Cette idée que le chesne done de la feiblèce du rosau est bien vive et bien umiliantte pour le rosau ; elle tien de l'insulte : le plus peti des oizaus est pour vous un poi qui vous incomode.

> Le moindre ven qui davanture
> Fait rider la fasse de lau,
> Vous oblige a beisser la tête :

Cest la meme pencée presanté sous une autre imaje. Le chesne ne résone que par des example ; cest la maniere de résoner la plus sansible, parce quelle frape limaginacion en même tems que lesprit. *Davanture* est un terme un peu vieu, dont la nahivetée est poetique. *Rider la fasse de lau* est une image juste et agréable. *Vous oblige a beisser la tete.* Ces trois vers sont donz : il samble que le chesne sabaice à se ton de bontée par pitiée pour le rosau. Il va parler de lui meme en bien dautre terme.

Cepandant que mon frond au Caucase pareil,
Non contant dareter les reyons du soleil,
Brave léfort de la tempette.

Quel noblèce dans les image! Quel fiereté dans les expretion et dans les tour ! *Cepandant que*, terme noble et magestueuz. *Au Caucase pareil*, comparézon hyperbolyque. *Noncontant dareter les reyons du soleil : Arreter*, marque une sorte denpire, et de superioritée ; sur qui ? sur le soleil meme. *Brave éfort. Braver* ne signifi pas seullemant *resister*, mais resister avec insolance. Ce nest point a la tampette seullemant quil resiste, mais a son éfort. Le singulier est ici plus poetique que le plurier. Ces trois vers, dont larmonie est forte, pleine, les idée grande, noble, figurent avec les troiz precedans, dont larmonie est douce, de meme que les idées observez encore *front* et *areter* à l'hemistiche,

## VI.

**Tout vous est aquilon; tout me samble zéphir.**

Le chesne revient à son parallelle, si flateur pour son amour propre; et, pour le randre plus sansible, il le réduit en deuz mot. Tout vous *est* réelement aquilon, et, a moi, tout me senble zephir. Le contraste est observé partout, jusque dans larmonie. *Tout me sanbel zephir* est baucoup plus douz que *tout vous est aquilon*. Mais quel énergie dans la brievté. Continuons :

> **Encor si vous naiciez a labri du feuliage**
> **Dont je couvres le voisinnage,**
> **Vous n'auriez pas tan a soufrir :**
> **Je vous deffandrais de l'orage.**

Lorgueil du chesne était contant; peut être meme quil avait un peu rougie. Il reprent son premier ton de conpation pour angager adroittement le rosau a consantir au louangr quil sest donné, et a flater encore son amou. propre par un avœu pleintif de sa feiblèce. Mais, malgrez ce ton de conpation, il sçait toujour meler dans son discour les expretion du ton avantageuz. *A labri* est vein et orgueillieuz dans la bouche du chesne. *Du feuliage dont je couvres le voisinnage. De mon feuliage* eut été trop succinc et trop simple; mais *dont je couvres*, cela étand lidée et fait image. *Le voisinnage*, terme juste, mais qui nest pas sans enflurre. *Je vous deffendrais de lorage, Je* . . . quil y a de plézir a ce doner soi-meme pour quelquun qui proteige!

Mais vous neissez le plus souvent
Sure les umide bort du royaume du vant.

Ce tour est poetique, et même de la hautte poesi, ce qui ne messiet pas dans la bouche du chesne.

La natûre anvert vous me sanblé bien ainjuste.

Cest la concluzion que le chesne prononsa sandoute en apuyant, et avec une pitiée desobligente, quoique reel et véritable.

## VII.

On attant avec impatience la reponce du rosau. Si on pouvait la lui ainspirez, on ne menquerait point de lassézoner. La Fontaine, qui a sçù faire naître linteret, ne sera poin enbaracé pour le satisfaire. La reponce du rosau sera poli, mais seiche; et on nen sera point surpri.

**Votre conpation, lui répondit larbuste,**
**Par dun bon naturel;**

Cest precizement une contre véritée. Le rosau n'a pas voulu lui dirre quelle partait de lorgueuil; mais seullement il lui fait santir qui en avait ecxaminé et vu le prinsipe : c'était au chesne à comprendre ce discour. Tout ce qui suit est secq et meme menassant.

Mais quitez ce souci :
Les vant me sont moin qua vous redoutable;
Je pli et ne romt pas : vous avez jusquici
Contre leur couz epouvantable
Resisté sans courber le doz ;
Mais atandon la fin.

Le propoz nest pas long, mais il est enairgique.

Les acteur nont plus rien a se dire; c'est au poette a achever le raicit. Il prent le ton de la matière ; il paint un oraje furieuz :

Come il disait ces mot,
Du bou de lorison acourt avec furie
Le plus terrible des enfant
Que le Nort eut porté jusque la dans ses flants.

Le vant part des extremitée de lorison; sa rapiditée sogmante dans sa cource : il y a imaje. Au lieu de dirre un vant du *nort*, on le personifi : et la perifraze done de la nobleice à lidée, et de lespasse pour plasser larmoni.

Larbre tien bon : le rosau pli.

Voila nos deuz acteur en situacion parallelle.

Le vant redouble ces efort,
Et fait si bien quil derassine

Celui de qui la tete au ciel était voisinne,
Et dont les piez touchait à lempire des morts.

Ces vers sont bauz, noble; lantiteize et liperbolle qui reigne dans les deuz derniez les rende sublimme.

Le poette, come on le voit, a suivit les idée que le suget prezante naturèlemant : c'est ce qui fait la veiritée de son reicit. Mais il a sçu reveitire ce fons de tout les hornemant qui pouvait lui convenire : c'est ce qui en fait la beautée. Ses pancée, ses exprécion, ses tour, forme un acort parfait avec le suget. Toute les parti en sont assorti et lié, au dedans par la suite et lordre des pancée, au dehort par la forse du stile, et nous prezante par ce moyen un tablau de l'art, ou tout est grace et veiritée. Joigniez a cela le santiment qui reigne partout, qui annime tout dun bout a lautre. Cette piesse a tout ce qu'on peus desirer pour une *fable* parfaitte.

(LA FONTAINE *développé par le Batteux.*)

## VIII.

Lhome a recoure a la poaisi et a la muzique pour raccontere a ses enfanz atentiffes les conquaite quil a faitte, les victoire qu'il a ranporté, la gloire quil sest aquis, les invancion dont la sociétée sest anrichi, les evainement quil a vu se passer devant lui, et seuz quil a antandu narrer par ses ayeuz. Lorsque son ame est sézie dun noble antouziasme, les pintures quil ofre a ses odìteurs, sont plains de feu et de veiritée. — Les istoire que nous avons comansé de lirre nous ont paru plaine d'interet. Ma sœur, ci tu ne les a pas encor lu, je te conceil de te les procurez. Lorsque tu te sera bien apliqué a les gravez dans ta meimoire, je te prirai de me faire connaitre les traits qui tauront le plus interressé. Si notre jeune parante sest fait une si briliante reiputacion dans la sociétée, c'est par ce quelle sest ataché a lirre les bons istoriens La lecture est la nouriture de lame; mais le choiz des livre et difficil a faire. Ma mere, que jai consulté a se suget, ma indiqué seuz quelle a cru les melieurs. Mais la liste que jen ai montré a notre parante lui a parue inconpleite et peu exacte. Elle m'a fourni la notte de seuz quelle a lu; et ma mere, a qui je lai soumis, la aprouvé. Lorsque j'aurai lu ces divers ouvrage, je ten randrai conte; mais je ne veuz point que tu montre à persone les extrès que je me suis proposé de tenvoyez.

## IX.

Madamme Viot avait été marié dabort a monsieur d'Antremont, puis en seconde nôce a monsieur Bourdic. Lorsquelle se fut remarié en troisieme nôce a monsieur Viot elle se fixa à Paris, ou sa sociétée fus recherché de tout se quil y avait de gens aimable. Doué dune prezance desprit rare, elle repondait toujour gayement aux trait malins qu'on lui lansait. Elle montra, des sa plus tandre jeuneice, la plus grande facilitée a faire des vers. Elle suivait les reigle de la vercificacion, sans les conneitre, sans les avoir etudié; et, comme son imaginacion tres active avait été évélié de bone heur, les exprécion venait delle meme ce placer sous sa plume. Elle netait point joli; mais elle avait une taille elegante, se qui lui fesait dirre, en parlant d'elle même, que la nature avait manqué la façade; mais quelle avait bien fait ledifisse. Affin de reparer se desagrement, elle reisolu daqueirire des conaisçance profonde dans tout les janre. Une honnette ézance, une heureuze existance, permire a madamme Viot de ce livrer a son gouz pour la muzique et la poaisi. Mais elle na jamais ataché ocune importanse a ses produxion, quelle a toujour appellé des baghatèles;

et elle n'était pas peu surprize quant elle lisait dans *Lalmanas des Muze* les vers qu'on lui avoit deirobbé. Madamme Viot setait tracé un sercle liteiraire duquelle elle nest sorti que deuz foi : la première, par une *Ode au Cilance ;* la segonde, dans son *Eloge de Montaigne*. Lode au Cilançe est plaine didée sublimme, et ne serait pas deizavoué par les melieur poete comique.

## X.

Nous avons deija dis que madamme Viot netâit point joli. Mais cela ne lavait point enpeiché de contractez labitude de fixer continuèlemant ses regart sur les glasses de lapartement ou elle ce trouvait. Une dame de sa conessence, choqué de cette mani, quelle avait remarqué, la lui repraucha un jour en preizense de plusieures persone qui se trouvait réuni. Voila madame Viot, dit-elle, la voila qui contanple toujour son imaje. Il est vrai, repondit madame Viot ; mais sest pour sçavoir par expairianse si l'on peuz sacoutumer à la lédeure.

Cette dame qui setait montré si seivaire envert madame Viot, fit, quelque jours apreis, une romanse ; et, layant aporté a madame Viot, elle la priat de la chanter, en sacompaniant sur le piano. Vous sçavez bien, dit madame Viot, que je nai point de voiz. Vous en avez assé pour chanter mes couplaids, et je vous pris de ne pas me refuzer le plézire que je suis venu vous demandez. Madame, repris vivment madame Viot, je *siflerai votre romanse*, si vous ainsistez; mais, pour la chanter, sela mest impocible.

Cepandant madame Viot, ci spirituèle, et sçachant lanser ci a propoz un trai malain, était doué dune sancibilitée qui la toujour randu cheire a tout ceuz qui lont conu. Cources, deimarche, solicitacions, rien ne lui a couté pour le servisse des ami quelle a eu a oblijer. C'étoit a elle que madame Du Boccage était redevable de la pancion quelle avait obtenu sur la fein de sa vie. Locazion que cette dernierre sézit pour lui an marquez sa reconeisanse, fait honeure a toute deuz.

## XI.

Madame Du Boccage, setant trouvé dengereuzement malade, fit son testaman, et anvoyat dire a madame Viot quelle avait quelle que chose de très pressent a lui communiquez. Madame Viot ce rant a l'invitacion « Vous mavez baucoup aimé, lui dit ma-

« dame Du Boccage, vous mavez selebré,
« vous mavez servi. Jai obtenu une pancion,
« comme femme de lettres, et cest a vous que
« je la doit. Dans mon voyage a Rome, le
« pape Benoit XIV ma fait present dune
« mignature, copie charmente de la noce
« Aldobrandine. Cetait, me dit-il, un pris
« de mes talent; je puis repeter cette expré-
« cion, puisqu'il deignioit y croire. Comme
« vous témoiniates en faire quelque cas,
« soyez donc mon éritière; mais jouissez,
« avant ma mort, dún bien que vous avez
« mérité. »

Par une fatalité singulière, ces deuz amie sont morte presque le meme jour. Lune (madame Du Boccage) sest andormi peiziblement; lautre a été emporté par une maladie violante, après avoir eprouvé les douleure les plus aigu. Cest le 7 aout 1801, que madame Viot a terminé sa carrière, à la Ramière, près de Bagnols. Elle avait alors sinquante cinq ans. La nature ne lavait pas favorizé du coté de la figure; mais, pour la dedomager, elle lui avait donné baucoup desprit et de qualités aimable. Elle setait apliqué a letude des langues etrangere, et avait apris lalleman, le latin, litalien, e langlois.

## XII.

O mon frere ! coment te pindre toute la joye que ta lètre a caûzé a ta seur? Cest cète lètre qui ma retiré de la tonbe, et qui ma rendu au bonheure. Les tenebre qui manvelopait ce sont dissipé depuis que je voi luire esperance de retrouver ma mere. Je pourai donques la sérer encore dans mes bras, essuier la trasse des pleures quelle a repandu, lui dire tout les maux que jai soufert, entendre ses douleures passé! O mon frere! Luniver ou jetais cest transformé en un autre univert, et je ne suis plus sur une terre ou lon ne verse que des larmes. Croirai-je quen efet ma mere ce soit laissé flechir, que les longues soufrances de sa malheureuze fille l'ait enfin atendri? Je ne puis plus doutter de mon bonheur. Elle est enfin arrivé cète mere don jai si lontemps desiré le retour. A la vu de ma mere, je suis tombé sans conescence. Jignore combien cet etat a duré; je n'ai meme ocune idée distincte de linstant ou les secour qu'on ma doné mont fait revenire a moi. Anfin, jai reconu ma mere, et je me souvien parfaitemant de son discourt, parcequa mesure quelle le prononsait, mes idé se sont ecleirci; jai santi mon sang reprandre sa chaleure, et mon choeur son mouveman. O ma mere! me suis je ecrié, je vous ai cruèlement afligé ; mais le ciel men a orriblement puni.

## XIII.

Les troiz ministre qui ce sont sucsedé en moin dun an, ne ce sont pas montré digne de la confiance que leur a accordé le souvrain qui les a elevé a se poste eminan. Cète place quils nont pas sçu conservez, parcequils lon mal rampli, vien detre confié a un homme generallemant estimé. Les bruiz qui se sont reipendu depuy quel que temps, et qui se son sucsedé avec une prodigieuze rapiditée, ne meritais pas la confiense qu'ils ont obtenu dun publique trop credul. Il ce son detruis deux meme, et on couver dè ridicul ceuz qui les avais debité ou repeté. Les injustisse que vous nous avez fait eprouvez, et dont nous nous somes plains tant de fois auprez de vous, les maux dont vous nous avez laicé acablez par nos persécuteur, tout nous a forsé a recourire a un protequeteur plus juste et plus geineireuz qui scut mieux nous deffandre contre des énemis que nous nous somme fait sans le vouleir. Les cruoté dont ce sont soulié les diverz empereur romain qui se sont succéde les uns aux autre depuy le reigne d'Augutes, ce trouve concigné dans listoire, et renderon a jamaiz execrable la mémoire de ses home férosses qui se sont couver du sang des home quils etait appellé a randre heureux.

## XIV.

Les denger qu'on avait cherché a evitez ne tardere pas a ce reproduire; mais nos trouppes setant roidi contre les difficultées, les on conpleittement veincu. Jai été moi même temoins des efort quelles ont fait et de laintrepiditée heroique quelles ont devlopé dans ses sirconstances critique. Vos tente ce sont laissé gouvernez par un homme trompeur et perfide qui les a angajé dans un proceis ruineux, après lequelle elle ce sont vu depouillé de presque tout leur fortune. Combien elle ce sont repanti alors de setre laissé aller a des suggesthion incidieuze dont elle sont devenu les triste victime! En voyant lingratitude dont votre cousine ses rendu coupable envert moi, je ne puis que regreiter toute les peine que je me suis donné pour lobligez, et je suis tanté de lui reprocher, elle meme les servisse multiplié et important que je lui ai rendu. Tant de loriez dont cet deux heros ce sont couvers, ne leur on donné ni fiereté ni orgueil. Il ce sont constammant montré modeste, affable, oblijeant, et se sont consilié laffection des officiez de tout grade, qui les on connu, et qui ont trouvé en eux de véritable freres. Justine na que sept an ; elle setait emparé hier de la main de sa mère, et elle voulait la baisez. Mais cette mere, quelle avait mécontenté le matin, lui retira sa main. Justine sest jetté aussitot a ses genoux ; et, les beignant de ses larmes, elle sest ecrié : O maman ! si vous me refusé votre main, vous ne me refuserez pas vos piez. La bonne mere sest haté de relever sa fille, et elle la embracé tandrement. Lorsque la mere nous a raconté cette cène inteiressante, nous en avons été tout tres vivement emu, et nous navons pu retenire nos larmes.

XV.

Il nest pas innutil dobserver linfluanse plus ou moin marqué que des sirconstanses personèles ont eu de tout tems sur le sort des mélieures ouvrage. Elles etoit favorable a Voltaire lors que *Mérope* paru. Le talan maltraité en devien plus ainterressant, et les punicion arbitreire, fusse-t-elle mérité, souleive lopignon contre lotoritée. Les percecucion quavait essuyé Voltaire, navait peutetre par dézarmé ces énemis ; mais elle lui avait consilié la faveure publique quil est ésé dobteni dans l'éloignement. Mérope fut loué dans le momant meme ou un ministre venais décartez Voltaire de Lacademy française, non seulement contre le veu general, mais contre le veu particuliez de Louis XV, qui avait annonsé son elexion. On eut dit que le public voulait dedomager loteur de Mérope des disgraces, des éxil, des emprisonement qu'on lui avait fait suporter. On lui prodiga, a la premiere represantacion, des honeures quaucun ecrivin navait obtenu avant lui en persone. Je me contantrai dindiquer les empruns les plus remarquable que Voltaire a fais a la Mérope de *Maffei*, et les androis baucoup plus nombreuz ou la profonde conessance du téatre a mené ce poete français bien plus loins que celui de *Vérone*. Dans Voltaire, linterret ne ce rallantit pas un momant ; il croit de cene en cene, depuy le premiez vers que prononse Mérope jusquau denouement. Le sor d'Egiste et les creinte maternèles de Merope ocuppe sancesse le spectateur depuy le commensement jusqua la fin, sans la plus legere distraxion, sans quil sy mele aucune autre imprécion quelleconque.

## XVI.

Le cygne est un des plus grans entre les oiseau deau ; mais aucune espèce ne possede autant de grace et de bauté, aucune ne se distingue par autant delegance dans les forme et de noblèce dans le port et les attitude. « A la noble aisance, dit Buffon, a la facilité, a la liberté de ses mouvement sur lau, on doit le reconnaître, non seulement comme le premier des navigateur ailé, mais comme le plus beau modele que la nature nous ait offert pour lart de la navigacion. Son cou elevé, et sa poitrine relevé et arrondi, semble en effet figurer la proue du navire fendant londe; son large estomac en represante la carene; son corps penché an avant pour cingler, se redresse a larriere et se releve en poupe; la queue est un vrai gouvernail; les pied sont de large rame; et ses grandes aile, demi ouverte au vent, et doucement enflé, sont les voile qui pousse le vaissau vivant, navire et pilote a la fois.

Le cygne joint aux don de la beauté, a la douceure et a la tranquilité du caractere, le courage et la forse qui crée et assure la puissance : melange heureux de qualités admirable, dont la nature noffre que fort peu d'exemple, et qui est encore plus rare au milieu des sociétés humaine. Il ne craint aucun ennemi, et on la vu souvent repousser avec succes les ataque de l'aigle, braver les serre redoutable de ce tyran des air, le frapper des coup redoublé de son bec et de ses aile vigoureuse, le forcer a la fuite, sortir vainqueur d'une lutte terrible qui semblait si inégal, et joindre la palme du courage au triomphe plus doux que lui assure les charme ravissant quil a reçu de la nature.

Aussi parait-il etre fier de ses brillans avantage, et quelquefois sen montre-t-il jalous. Le *cygne domestique* se plait a etre regardé, admiré, applaudi; il souffre impatiemment l'approche de tout etre vivant dont la blancheure pourrait le disputer à la sieue ou seulement lui être comparé; il entre en fureure et, quelque soit la disproportion de la taille entre lui et son rival, il lattaque, le combat: lenvie irrité double ses moyen et ses force, et il nest satisfait que lorsquil est parvenu a se debarrasser d'une concurrence qui lui est insupportable. Un professeur a été témoin d'une lutte très vive entre un cygne en colere et un cheval fort paisible, qui navait dautre tort aux yeux de son agresseur que detre blans come lui. Le cheval paissait aux environ, dun étang que decorait le cygne, modele de grace et de fierté; il y entra près de loiseau qui s'élança aussitôt sur lui, et lui donna des coup daile si violens aux jambe quil en resta boiteux pendant long temps. Ce cheval eut meme succombé dans cette brusque et violent attaque, sans le secour de quelques homme qui vinre le délivrer de son adversaire.

## XVII.

Les cyprès, dont on connait une douzaine despèce, conserve leur feuilles toute l'année. Ces arbre, comme quelques autre de la meme famille, ont un aspect imposant et lugubre. Leur presence reveille ou inspire des idée sombres et mélancolique. Cest par cette raison, sans doute, que les ancien les placait autour de leur tombeau, et en faisait les témoin muet de leur douleur. On lit dans leur poetes qu'Apollon changea en cyprès le jeune Cyparisse, qui voulait se tuer. Cette fiction nous prouve quils regardait ces arbre comme le symbole de la mort. Quoique nous ne soyons point dans lusage d'en orner, ainsi queux, notre derniere demeure, nous ne pouvons cependant nous defendre d'une certaine tristesse en les voyant. Peut etre eprouvons nous ce centiment, parce que les cyprès, comme les pin et les if, ont frappé souvent nos regars pendant l'hyver. La nature est en deuil dans cette saison; les seuls arbre qui la parent alors nous semble triste comme elle; et cette impression qu'ils ont fait en ce moment sur nous, se renouvele toute les fois quil soffrent apres a notre vue, meme au milieu des riante image du printemps.

Le cyprès commun est un arbre assez elevé. Son tronc est gros, très droit et revetu d'une écorce brune; il se garni, dans presque toute sa longueure, de branche reguliere, qui, dans une direction presque perpendiculaire a lhorizon, et se serrant les une contre les autres forme, par cette disposition, une espece de pyramide. Quoique cet arbre ait de très petite feuille, les rayon du soleil penetre difficilement a travers ses ramau, tant il sont multipliés et rapproché. Ses feuille sont verdatre, pointu, et rangés en maniere de tuile, sur quatre rang, le long des plus petit rameau. Sur les vieux, elles se desseche et se changent en écaille qui se reunissent en partie a lecorce.

Le cyprès commun est originaire du Levant; il croit naturellement dans les ile de l'Archipel. Son bois est tres dur, tres serré, presque incorruptible, et par conséquent tres propre a faire des pieu, des palissade, des treillage et toute sorte douvrages auquel il importe d'employer des bois de longue durée. Lodeure de ce bois est penetrante et suave, et approche de celle du bois de *santal*. Sa couleure est pale ou rougeatre, et parsemé de quelque veines brune. Le cyprès fournit un peu de resine dans les pays chaus; mais il n'en donne point dans nos climas.

## XVIII.

Les *Plaideurs* de Racine sont remarquable en ce que la piece nest quune farce, et quelle est écrite dun bout a lautre du stile de la bone comédie. Dailleurs, elle manque absolument dintrigue et dintérèt, et ne se soutien que par la gaieté des détail, et le comique des personnage. Mais aussi jamais on na prodigué avec plus daisance et de gout le sel de la plaisanterie; presque tout les vers sont des trait, et tout sont si naturel et si gai, que la plupart sont devenu proverbe. On ne peut cependant voir dans les *Plaideurs* quun badinage que lauteur fit en se jouant, et qui montre ce quil aurait pu faire dans la comédie, sil sy était appliqué.

Voici le début de ce chef-d'œuvre de gaité C'est Petit-Jean, portier du juge Dandin qui parle.

Ma foi! sur lavenir bien fou qui se fira!
Tel qui rit vendredi, dimanche pleurera.
Un juge, lan passé, me prit a son service.
Il mavait fait venir d'Amiens pour etre suisse.

Tout ces Normands voulait se divertir de nous:
On apprend à hurler, dit l'autre, avec les loups.
Tout Picard que j'étais, j'étais un bon apotre,
Et je faisais claquer mon fouet tout comme un autre.
Tout les plus gros monsieur me parlait chapeau bas:
Monsieur de Petit-Jean, ah! gros comme le bras.
Mais sans argent lhonneur nest quune maladie.
Ma foi! j'étais un fran portier de comedie:
On avait beau heurter et moter son chapeau,
On nentrait point chez nous sans graisser le marteau.
Point dargent, point de suisse; et ma porte était close
Il est vrai qua monsieur j'en rendais quelque chose:
Nous comptions quelquefois. On me donnait le soin
De fournir la maison de chandelle et de foin:
Mais je ny perdais rien. Enfin, vaille que vaille,
Jaurais sur le marché fort bien fourni la paille.
Cest dommage: il avait le cœur trop au métier;
Tout les jour le premier aux plaid, et le dernier.
Et bien souvent tout seul, si lon l'eut voulu croire,
Il sy serait couché sans manger et sans boire.
Je lui disais parfois: Monsieur Perrin Dandin,
Tout franc, vous vous levez tous les jour trop matin.
Qui veut voyager loin, ménage sa monture;
Buvez, mangez, dormez, et faisons feu qui dure.
Il neu a tenu compte. Il a si bien veillé,
Et si bien fait, qu'on dit que son timbre est brouillé.
Il nous veut tous juger les un après les autre;
Il marmotte toujours certaine patenotre
Ou je ne comprens rien. Il veut, bon gré, magré,
Ne se coucher quen robe et quen bonnet carré.
Il fit couper la tête a son coq, de colère,
Pour lavoir éveillé plus tard qua l'ordinaire,
Il disait quun plaideur dont laffaire allait mal
Avait graissé la patte a ce pauvre animal.
Depuis ce bel arrêt, le pauvre homme a bau faire,
Son fils ne souffre plus qu'on lui parle daffaire.

Il nous le fait garder jour et nuit, et de pres:
Autrement, serviteur, et mon homme est aux plaid
Pour sechapper de nous, Dieu sait s'il est alegre.
Pour moi, je ne dors plus: aussi je deviens maigre
C'est pitié. Je métends, et ne fait que bailler.
Mais, veille qui voudra, voïci mon oreiller.
Ma foi! pour cette nuit, il faut que je meń donne
Pour dormir dans la rue, on noffence personne.
Dormons.

## XIX.

PETIT-JEAN.

Je lui disait donc, en me grattant la tête,
Que je voulaïs dormir. « Présente ta requete
Comme tu veux dormir », m'a-t-il dit gravement.
Je dors en te contant la chose seulement.
Bonsoir.

**Le fils de Dandin conseille a son pere de se donner du repot. Dandin repont :**

Du repos? Ah! sur toi tu veux regler ton père?
Crois tu quun juge nait qua faire bonne chere,
Qua battre le pavé comme un tas de galant,
Courir le bal la nuit, et le jour les brelans?
Largent ne nous vien pas si vite que lou pense.
Chacun de tes ruban me coute une sentence.
Ma robe vous fait honte! Un fils de juge! Ah! fi!
Tu fait le gentilhome: Hé! Dandin, mon ami,
Regarde dans ma chambre et dans ma garde robe
Les portrait des Dandin: tous on porté la robe;
Et cest le bon parti. Compare prix pour prix
Les etrenne d'un juge a celle d'un marquis:
Attend que nous soyons a la fin de decembre.
Qu'est-ce quun gentilhome? Un pilier d'antichambre

Combien en a tu vu, je dis des plus hupé,
A souffler dans leur doigt dans ma cour occupé
Le mantau sur le nez, ou la main dans la poche ?
Enfin, pour se chauffer venir tourner ma broche?
Voila comme on les traîte. Hé! mon pauvre garçon,
De ta défunte mere est-ce la la leçon ?
La pauvre Babonnette! Helas! lorsque j'y pense,
Elle ne manquaient pas une seule audience.
Jamais, au grand jamais elle ne me quitta,
Et Dieu sait bien souvent ce quelle en raporta :
Elle eut du buvetier emporté les serviette
Plutot que de rentrer au logis les mains nete
Et voila come on fait les bone maison. Va,
Tu ne sera quun sot.

Le fils de Dandin ordonne a Petit-Jean de coucher son maître. Dandin dit :

Quoi! l'on me menera coucher sans autre forme?
Obtenez un arrêt come il faut que je dorme.

LA COMTESSE DE PIMBESCHE.

Monsieur, tout mes procès allait être fini :
Il ne men restait plus que quatre ou cinq petit,
Lun contre mon mari, lautre contre mon père,
Et contre mes enfant. Ah! Monsieur! la misere!
Je ne sai quel biais ils ont imaginé,
Ni tout ce quils ont fait; mais on leur a donné
Un arrêt par lequel, moi vetu et nourri,
On me defend, Monsieur, de plaider de ma vie.

CHICANEAU.

Comment! cest un exploit que ma fille lisait!
Ah! tu sera un jour l'honneur de ta famille:
Tu defendra ton bien; viens, mon sang, viens, ma fille
Va, je t'acheterai le Praticien français.

## XX.

Lallouette est le musicien des champ : son joli ramage est lhymne dalegresse qui devance le printemps, et accompagne le premier sourire de l'aurore. On lentend dès les premiez beau jour qui succedent aux jour frois et sombre de l'hiver, et ses accent sont les premier qui frappe loreille du cultivateur vigilant. Le chant matinal de lalouette etait, chez les Grecs, le signal auquel le moissonneur devait commencer son travail, et il le suspendait durant la portion de la journée ou les feu du midi d'été impose silence a loiseau. Lalouette se tait en effet au milieu du jour; mais, quand le solei sabaisse vers lhorizon, elle rempli de nouveau les air de ses modulation variés et sonore. Elle se tait encore lorsque le ciel est couvert et le temps pluvieux. Du reste, elle chante pendant toute la bel saison. Dans toute les espèce doiseau, le ramage est un attribut particulier au male. L'alouette ne differe point en ceci des autres espèce. On voit cet oiseau s'élever presque perpendiculairement et par reprise, et decrire, en s'elevant, une courbe en forme de vis ou de limaçon. Il monte souvent fort haut, toujours chantant, et forçant sa voix a mesure quil s'éloigne de la terre, de sorte qu'on lentend aisement lors meme quon peut a peine le distinguer a la vue. Il se soutien long temps en lair, et il descend lentement jusqua dix ou douze pieds au-dessus du sol; puis il sy precipite comme un trait : sa voix saffaiblit a mesure qu'il en approche, et il est muet aussitot quil sy pose.

La femelle fait promptement son nid; elle le cache avec soin entre deux motte de terre; il est plat, peu concave et presque sans consistance : de lherbe, de petite racine seche et du crin le compose. Les œus, au nombre de quatre ou cinq, ont des tache brune sur un fond grisatre, La femelle ne les couve que pendant quatorze ou quinze jour; et, au bout de moins de temps, les petit sont en état de se passer de ses soin. Après leur avoir donné la bequée pendant quelque jour, elle les instruit a chercher eux même leur nourriture, et les fait sortir du nid avant qu'ils soit totalement couvert de plume : aussi loiseleur est il souvent trompé, en ne trouvant plus dans le nid les jeune que quelque jour auparavant il avait vu recemment éclos, et presque entierement nu.

Les amour printanière des alouette leur laisse le temps de faire plusieurs couvée dans un eté. Chez nous, aussi bien quen Allemagne, elle nen font que deux; mais dans des pays plus meridionau en Italie, par exemple, il y en a trois ; la premiere au commencement de mai, la seconde au mois de juillet, et la derniere au mois d'aout.

## XXI.

Le *Philosophe marié* et le *Glorieux* sont les deux chef dœuvre de *Destouches*; et, en vérité, quand on a lu tout le reste de ses pièce, on est surpri quil ait fait ces deux ouvrage. Les connaisseur ne peuve pas expliquez comment un talent, tres faible dans une foule de production, peut avoir un ou deux moment si heureux, quil rassemble dans un seul ouvrage tout ce qui lui avait manqué dans les autre.

Il y a, dans le *Philosophe marié*, de la conduite et de linteret, des situation et des contraste. Le mistere qu'*Ariste* veut garder sur son mariage, quil a conclu sans le consentement dun oncle dont il est lheritier, est suffisament justifié par la crainte de perdre cète succession, et de nuire a la fortune de sa femme et de ses enfant, si cet oncle, qui a des vue détablissement pour lui, vient a savoir quil sest secretement engagé. Il setait daileures permis auparavant de plaisantez sur le mariage, et e se moquer de ceux qui avait pris ce parti. Il craint dêtre raillé a son tour, et cète faiblèce est peu excusable dans un philosophe.

La douceure, la sensibilité, la modestie, qui font le caractère de *Mélite,* mérite la tendresse qu'Ariste a consu pour elle. *Céliante,* sœur de Mélite, est recherché par *Damon,* ami d'Ariste. Les deuz sœur ont des caractere tout a fait opposé. Ariste tremble continuellement que lune ou lautre ne revele le secret quil a tant denvie de tenir caché.

ARISTE ( *seul dans son cabinet* ).

Oui, tout mattache ici; jy goute, avec plaisir,
Les charme peu connu d'un inocent loisir;
Jy vis tranquil, heureux, a labri de lenvie.
La fol ambition ny trouble point ma vie:
Content dune fortune egal a mes souhais,
Jy sens tout mes desir pleinement satisfait
Je suis seul en ce lieu, sans etre solitaire,
Et toujours occupé, sans àvoir rien a faire.
D'un travail serieut veux je me delasser,
Les muses aussitot vienne my caresser.
Je ne contracte point, grace a leur badinage,
Dun savant orgueilleut lair farouche et sauvage.
Jai mil courtisan rangé autour de moi:
Ma retraite est mon Louvre; et jy commande en ro[i]
Mais je nuse quici de mon pouvoir supreme.
Hors de mon cabinet je ne suis plus le meme.
Dans lautre appartement, toujours contrarié:
Ici, je suis garçon; la, je suis marié.
Marié! C'est en vain que lon se fortifie
Par le grave secour de la philosophie,
Contre un sexe charmant que lon voudrait braver;
Au sein de la sagesse il sait nous captiver:
Jen ai fait, malgré moi, lepreuve malheureuse.
Mais ma femme, après tout, est sageet vertueuse;

Plus amant que mari, je possede son cœur;
Elle fait son plaisir de faire mon bonheur.
Pourquoi contre lhymen est ce que je declame ?
Ma femme est toute aimable.

## XXII.

Ariste se plaignait seul davoir eu la faiblesse de se marier. Il reprochait a Damon de lavoir engagé a contracter ce mariage : il ne croyait point que Damon lentendit ; mais Damon était arrivé sans que son ami leut vu. Ariste dit alors :

Il est ecrit
Quun mari doit toujours avoir lieu de se plaindre
Jusques a ce moment javais su me contraindre:
Mais puis que le hazar a trahi mon secret,
Avec vous desormais je serai moins discret.

En parlant de sa femme :

Cent bel qualité rende le mienne aimable;
Mais elle ne veut point se contraindre pour moi.

DAMON.

Que lui reprochez vous ? Parlez de bonne foi.

ARISTE.

Son indiscrétion, qui me tient en cervelle,
Et me cause, à tout heure, une frayeur mortel.
Il semble que ce soit son plaisir favori
De laisser entrevoir que je suis son mari.
Chaque jour elle fait nouvel connaissance,
Et chaque jour aussi nouvel confidence,
A des femme, sur tout. Jugez si mon secret
Nest pas en bonne main.

DAMON.

Je prevois a regret
Que votre intention ne sera pas suivi.
Mais, au fond, pensez vous que toute votre vie
Vous serez marié sans quon en sache rien ?

ARISTE.

Plut au ciel !
. . . . Entre nous, ma faiblesse
Est de rougir d'un titre et venerable et doux,
D'un titre autorisé, du beau titre depoux,
Qui me fait tressaillir lorsque je larticule,
Et que les mœurs du temps ont rendu ridicule.
Ce motif, je le sen, n'est pas des plus sensé ;
Mais. . . .

DAMON.

Cest avec raison que vous vous dispensez
A tout autre qua moi den faire confidence ;
Et ce serait a vous une grande imprudence,
Si vous napuyez pas sur un autre motif
Dicté par l'interet, et bien plus positif,
Celui de menager un oncle fort avare,
Quoique puissament riche, assez dur et bizarre
Pour vous desheriter indubitablement,
Sil vous sait marié sans son consentement.
Voila pour votre femme une raison puissante

## XXIII.

ARISTE.

La rage de parler est encore plus pressantes,
Mais ma femme, apres tout, nest pas la seule ici
Qui mexpose à lécla, et me met en souci :
Sa sœur, plus imprudente, et si capricieuse,
Qun moment elle est gai, un moment sérieuse

Riant, pleurant, jasant, se taisant tour a tour.
Enfin, changeant dhumeure mile fois en un jour;
Sa sœur, votre future, et qui, par parenthese,
Vous donnera tout lieu denrager a votre aise,
Me met au desespoir par ses frequens ecars,
Et de plus, nous amene ici de toute part
Un ta doriginaux, dennuyeuse comere,
Qui me font avaler cent pillule amere,
Lorsque pour mon malheur, je vais imprudenment
Pour lui rendre visite, a son appartement:
Des que jentre, on se tait; on ce parle a l'oreille,
On sourit: par degré le caquet ce reveille,
Toute parlent ensemble. Et ce que je comprens,
Par leur discour confu, leurs geste different,
Cest que ma belle-sœur, fine et dissimulé.
A mis dans mon secret la discrette assemblé,
Et que je dois compter que, dans fort peu de jour,
Jaurait, pour confident, la ville et les faubours.

DAMON.

Je suis au desespoir dune tel imprudence:
Et je vais de ce pas quereler d'importance
Madame votre femme et votre belle sœur.

ARISTE.

Non: je croi quil vaut mieux leur parler en douceur
Mais avertissez bien ma prudente compagne,
Quelle me forcera de fuire a la campagne,
Et de my confiner pour nen sortir jamais,
Si le secret nest pas mieux gardé desormai.

DAMON (*avec un souris malin*).

Soit. Mais vous, employez votre art, votre science
A vous mettre en état de prendre patience.

ARISTE ( *sur le même ton* ).

Et vous, pour mimiter, et par précaution,
Davance faites en bone provision:
Vous en aurez, ma foi, plus besoin que moi-même,
Je connais Celiante, et je crains....

DAMON.

Moi je l'aime;
Ses défaut naurait rien qui me put effrayer,
S'il ne sagissait plus que de nous marier....

ARISTE ( *seul* ).

Je brule de le voir par lhymen engagé.
Plus il enragera, mieux je serai vengé.

( *Il retourne à sa table et se remet à lire* )

## XXIV.

Les succeis que javais preivu que cète piece obtiendrais, ont reipondu à l'atante que jen avais fait concevoir a loteur, et on decor-serté les mesure quavait prise contre lui une caballe énemi que les bautées reèle de cet ex celant ouvraje on reduit au silanse. Imitez conduite qua tenu selle de vos compagne que vous avez entandu louez, et pratiquez les ver-tues dontelle vous a constanment doné l'exem-ple. Vous avez du etre aussi contante que je lai été moi meme du chant de cète jeune per-sonne que vous avez antendu chantez, et qui a obtenu les aplodissement de lassamblé non-breuze qui se trouvait reuni pour cète fete, que tout le monde a trouvé aussi agréable que briliante. Les dieu quont adoré les payens leur avait doné lexample de tout les crime, et la sote creidulitée des nacions les avait tèlement multiplié quil netait plus possible dan calculer le nombre. Aussi *Atlas* se plaigniait il de ne pouvoir plus soutenire le ciel sur ces aipaules, a cause de la multitude infini de dieu quon y avait placé. Cette femme est né bienfaizante; elle cest consilié lafection et la reconessance de tout les malheureux, quelle a toujour secouru avec la plus tandre solicitude. Un jour on dira delle, quelle a employé au soulajeman de lumanité soufrante tout les jour quelle a vécu sur la terre. Nous nous somes apersu quon nous avait volé. Nous avons reconu bientot que cetait les domestique de loberge qui setait randu coupable de ce vole. Nous nous en some plains au maître de la maison, qui les a fais venir tous devant nous. Nous les avons accusé, nous les avons interrogé, nous les avons contraint davouez leur crime, et ils nous ont randu les bijou qu'ils nous avait deirobé.

## XXV.

Les chagrains et les paine que ma cauzé la conduite de mon fils, sont devenu la source de cète mailancolie abituèle qui mine lantement ma vie. Que de pleures nai je pas versé dans le silanse de ces longue nuit que j'ai passé sans fermez la popiere? Mes yeux en ont tant reipandu que jai failli a en perdre la vu. En rappelant a ces jeunes gens les example que leur ont laissez leurs anceitres, les vertues quils avait eux meme commensé de pratiquer, les louange quils setait atiré de la par de leur maitres, on les aurait angagé a ne point seicarter de la bonne voye dans laquelle ils etait entré. En agissant a leur egar avec trop de cévéritée, on les a rebuté complettement; il se sont degouté du travaille, ils se sont livré a la dissipacion, ont refusé découter toute les represantation qui leur était adressé, et semble setre plu a faire tout le contraire de ce quon atendait deux. Il ne sufit point de conaitre la téorie dun art, il faut encore savoir faire laplication des principe qu'on a étudié, des regle quon a aprise. Combien de gens se sont livré pendant plusieures année a letude de la géométrie, et ne serait point en état darpanter deux hectare dans les champ? Quand on songe aux dificulté sans nombre que notre jeune parante a eu a vaincre, au couraje et a la paciense quelle a montré, aux disgrace quelle a bravé, aux dangez dont elle sest garenti, on ne peut sempeicher de lui rendre la justisse qui lui est du, et ses énemi meme sont forcé de convenire que cest une des fille les plus vertueuse quils ait jamais conu.

## XXVI.

Les succeis qua obtenu cète bagatèle ne mont point aveuglé sur ses défaux. Jai sentis que je les devais moins au méritte de louvraje qua lindulgeanse du public, et jai revu mon livre avec tout le soin dont je suis capable. Cette edicion diferre presque entierment de la premierre : cinq cent vers suprimé, et douze cens ajoutés, en fond, pour ainsi dire, un ouvraje nouvau; des vers faible ou de mauvais gout on disparu. Le poette Delille, qui mhonorait de son amitiée, mavait engajé a multipliez les épizode dans mon ouvraje; il pensait que quelques historietes placé a propoz, devait delasser le lecteur fatigué des détailles quelquefoiz aride de la sience. Quelque soit cepandans les changement que jai fait a mon livre, on ne doit point satendre a y trouvez des idée aprofondie de la siance : je nai, pour ainsi dire, quéfleuré mon sujez, mon dessein etant plutot dinspirez le gout de la phisique que den devoiler les mistere les plus secrez. Voltaire a dit, en parlant de ses ÉLÉMENTS DE NEWTON *je fais come les petits ruissauz; il sont transparans, parce quil son peu profons.* Et moi, qui sent toute ma faiblèce, je me regadrerai comme tres heureuz, si le lecteur fait a mon ouvraje laplication de cète pensée.

Cète Sophie, qui avait toujours dedainié les idée nouvèle, était devenu toute a cou ladmiratrisse de Lavoisier. Seduitte par les expériense de cet homme surprenant, elle resolu détudiez la phisique. La chose etant desidé, il falut songer a rendre amusante des expeirianse et des découverte souvent abstraite Les dificultée ne me rebuttere point. Je fis un grant nombre dessai; je me nouris de la lecturre des bons auteur. Peu a peu le chaoz ce debroulia, mon plan saggrandit, et je comensai a ecrire. Tel est lorigine de se livre; et, si une chose peut me faire pardonez ma temeritée, cest que je nai eu dautre but, dans mon travaille, que de donner le gout de la siance, et dofrire une esquice des découverte principalle de la phisique et de la chymie. La secheresse des sujez que jai eu a traitez était souvent desesperante. Pour y jetter un peu de varietée et dagrément, et pour sortire des routes deja tracé, je resolu dentremeler ces essai de quelques morsaus de poesie. Instruire en amusant, tel est la fin que je me suis proposé.

## XXVII.

Esscyons d'esquicer les phenomenne de lunivert. O magnificense ! coment contenpler a la foiz tant de merveille! Les detailles echapent aux calcul, et lensenble au génie : le cœur ne peut sufir a tant damour, la reconessanse a cète multitude de bienfaiz; et limaginacion meme reste epouventé devant la randeure de la creacion.

Qui pindra la verdurre et les fleure? qui paindra l'océan, les fleuve, les ruisseau, les fonteine? qui devoillera leurs secrez? Voyez ce jouez dans les aire, dans les eauz, et sur la terre, cète multitude varié d'animeaux, depuy laigle jusquau moucheron, depuy l'elephan jusqua linsecte inperseptible; intérogez les echo; voyez l'éclaire, la foudre les oraje, l'arc en ciel : coment ne pas desirez de conaitre les cause de ces merveille? On les cherche, on les etudi, on en sais quelquez-une; mais toujour la premieire reste invizible, et la pensée de Dieu peut seulle lexpliquez.

Et tout à cou, cedant aux desire de mon cœur,
Je voulus adorez Dieu, lauteur de mon etre

Et je dis a la terre : Est tu le createur
Que mon amoure cherche a connaitre?
Et la terre me dit : Je ne suis point ton Dieu.
Et je dis a la mer, à l'aire, au vent, au feu:
Etes vous lEternel que luniverz adorre ?
Et tout m'on repondu : Nous ne le some pas.
Verd lorient alor ayant tournés mes pas,
Je demandai lEternel a l'aurorre.
Lastre de luniverz savance radieux ;
Dun seule de ses rayou il embrâze, il eclairre
Toutte limmancitée de sa noble carieire,
Et je fus ebloui du spectacle des cieuz;
Et le soleil me dit : O mortèle téméraire,
Tu voudrait contamplez Dieu dans sa magestée!
Leve les yeuz, soutient leclas de ma lumieire.
Je suis obscure devant le maitre du tonère,
Je puis servire de voile a la divinitée.
Home ! voi ton néan, et gardes le silense.
La mort dissipra bientôt ton ignoranse.
Mais laisse en atendant coulez tes jours en paiz ;
Et reconais le Dieu qui t'aprent sa puissance,
En repandant sur toi d'innonbrable bienfais.

Eh bien! si je ne puiz contanplez le createur, jessayerai de le conaitre par ses œuvre. Je mélevrai a la cime des mons pour y étudiez la sourse des fleuve; je verrai les oraje ce formez, et la foudre grondra sous mes piez; entrouvrant le sin de la terre, je vous montrerai les cristeaux, lor, le diaman, caché sous la verdurre, comme pour laissez la place aux véritables richesse; je demandrai aux abimes la cause de ces feux qui donne des spectacle si efrayant et si magnifique ; et, remontant enfin a la surface du globe, jessayerai de devinez coment, du sin de la poussieire aride, on voit eclorre les boiz, les fleure, les moisson.

## XXVIII.

Tandi que Newton deconpoze la lumieire et dirije le cour des astre, Buffon expose les merveille de la creacion, et fait, pour ainsidire, passer luniverd sous nos yeuz.

Ce superbe courcier, qui du piez bât larene,
Qui, pret a s'elancer, mort le frin qui l'encheine,
Hennit, et balansant ses lons crins ondoyant,
Vole et preut son essor, aussi pront que les vens;
Cette animal util, et pourtant quon meprise,
Don le nom, mais a tord, exprime la sotise,
L'ane, qui, chaque jour, aporte sur son doz,
Dans le sin des citée, les tribus des hamaux,
Et qui, du laboureur secondant lindustrie,
Defriche ce terein sans culture et sans vie;
De quels trais par Buffon ils sont peins tous les deux
Cest le courciez lui meme : inpacient, fougueux,
Au bruit de la trompète, au cliqueti des arme,
Il enporte son maitre au milieu des allarme,
Sans crinte entent l'airein tonez de toute part,
Et foulle sous ses piez les cadavres épart.
Voila bien l'ane aussi : paçient et docil,
Moins bau que le cheval, mais non pas moins util,
On ne l'atelle point a nos chars opulans;
Mais humble, il vit et meure dans la maison des chan,
Quand du roi des forez Buffon moffre limage

S'élansant tout-a-coup au milieux dun troupau,
Conbatre, terrasser, dechirer un taurau;
Et, les crinz herissé et la gueulle sanglantte,
Il rugit, et partout il repant lepouvante.
Mais sa fureure ce calme : avec quelle fiereté
Il savance! son port est plin de magestée.
En lui les animauz ont reconnu leur maitre;
Tous ont fremis de crinte en le voyant paraître.
Ainsi, de la nature habil observateur,
Buffon peins dignement lœuvre du Créateur;
Il di le cerf legez, roi du boiz soliteire,
Le chevreuil inocent, le tigre sanguinaire;
Il surprent du castor les secrez mervelieux;
Pour pindre laigle altiez, il le suis dans les cieuz;
Et quant du colibri, bijou de la nature,
Il veux montrez l'éclat et la riche parure,
Soudin l'oizeau, couver des plus vive couleure,
Sofre à nos yeux charmé, volant de fleur en fleur.

Ainsi l'éloquanse de Buffon sais reproduir les trais de tous les animeaux. Cest peu de les avoir pint, il veut encor assister a leur creation et a celle de luniverd.

## XXIX.

### Scène IV du I^er acte du *Philosophe marié.*

(Ariste est dans son cabinet, et Finette l'observe quelque tems avant que de parler.)

FINETTE.

(*A part.*) (*Haut.*)
Toujour lire! Monsieur Madame votre femme....

ARISTE.

Crie encore plus haut.

FINETTE (*élevant la voix*).

Très volontier... Madame votre....

ARISTE.

Jai defendu cent foi, depuis deux an,
Que jamais ce mot la fut prononsé ceans :
Ne ten souvient il pas ?

FINETTE.

Oui : mais quand je loublis,
Quel tort vous fait cela, monsieur, je vous supplis ?

ARISTE.

Premierement, celui de me desobeire.

FINETTE.

Passe.

ARISTE.

Secondement....

FINETTE.

Jenrage. A vous ouir,
On simaginerait que cest faire un grant crime
De donner a madame un titre legitime.

ARISTE.

Finette !

FINETTE.

Quoi, mosieur ?

ARISTE.

Il faudrait mecouter
Quand je parle.

FINETTE.

Ah ! Vraiment, qui voudroi saretez
A tous vos baus discour, et les suivre a la lettre,
Ne cesserait jamais....

ARISTE.

Voulez vous bien permettre
Que je dise deux mots ?

FINETTE.

Quatre, si vous voulez.

ARISTE.

Vous savez quun secrez.....

FINETTE.

Deuz an sont écoulé
Depuis que nous menons une vie equivoque :
Je ny puis plus tenire ; le secret me suffoque

ARISTE.

Ma paciense, enfin, pourait bien se lasser.

FINETTE.

Cest consciense a vous que de vouloire forcez,
Pendant deuz ans entiez, des femmes a ce taire,
Pour moi, jaimerais mieuz vivre en un monasteire,
Jeunez, priez, veillez, et parlez tout mon soul.

ARISTE (*se levant*).

Parlez, morbleu, parlez ; je ne suis pas si fou
Que de vouloir tenire vos langues inutile :
Sur un point, seulement, quelles soit immobil
Ce nest que sur ce point que je lai prétendu.

FINETTE.

Oui : mais ce point, monsieur, cest le fruit defendu,
Et voila justement ce qui nous affriande.
Parmi vingt bon ragout, la plus grossieire viande
Que lon me deffenderait constament de goutez
Serait le seul morseau qui pourait me tentez.
Jugez, apres cela, si je nai pas la rage
De parlez librement sur votre mariage.

ARISTE.

Quel travert ! quel esprit de contradixion !
Quel fonds dintamperanse et dindiscrécion !
Voilà les femmes.

FINETTE.

Soit.... Mais, tel que nous somes
Avec tous nos défaux nous gouvernons les home,

Meme les plus hupé ; et nous somes l'ecueil
Où viennent echouez la sagesse et lorgueil.
Vous ne nous oposez que dimpuissantes arme :
Vous avez la raison , et nous avons les charme.
Le brusque philosophe , en ses sombres humeure,
Vainement contre nous eleve ses clameure ;
Ni son air renfrogné , ni ses cri , ni ses ride ,
Ne peuve le sauvez de nos yeux homicide.
Comptant sur sa siense et ses reflexions,
Il se croit a labri de nos seduxions :
Une bel paraît , lui sourit et lagace ;
Crac.... au premier assaut elle emporte la place.

Ariste (*à part*).

Voila precisement mon histoire *en trois mots*.

## XXX.

Les livre que jai acheté mont couté quatre vingt franc. Ceux que javais acheté le mois dernier mavait couté quatre vingt six franc. Que de peines a couté a ma sœur cète male heureuze affaire quelle sest obstiné a entreprendre , quelle a entreprise malgré tout les avis que je lui avait donné a ce sujet ! Combien de fois ne sest elle point repenti , ou du moins combien de fois na-t-elle pas du se repentir de navoir point suivit mes conseil? Les demarche que vous mavez pressé de faire pour obtenir la place que je metais proposé de ceder ensuite a mon fils, nont point eu les succès que jen avais esperé. Les personne qui mavait promit dappuyer ma demande se son laissé decouragez par les premiere difficulté quelles ont rencontré. La methode que nous avons suivit nest pas aussi bonne que je lavait cru. Jai toujours saisi avec empressement le peu d'occasions que jai trouvé de vous obligez. Le peu de reconnaissance que vous men avez marqué ne ma point empeché de vous rendre encore dernierement tous les service que j'ai pu. Je vous invite a profitez du peu de consideration que jai obtenu auprès des nouveau ministre pour soliciter encore, par ma médiation, la place que vous avez desire depuis long temps d'obtenire. Les mauvaises herbe quon a laissé croitre dans ce champs ont beaucoup nui aux légume qu'on y avait semé. Quelque soit votre conduite a mon egart, quelques sujet de mécontentement que vous mayez donné, quelques nonbreuses quait été vos fautes, je me suis toujours montré fort indulgent envers vous. Vos discours, tout seduisant quil sont, vos promesse, toute belle, toute avantageuse quelle paraisse, ne sçaurait me tentez. Votre fille, toute aimable quelle est, n'aura pas plus de crédit aupres de moie Les soin que jai sçu que mon frère sétait donné pour me faire gagnez mon procès mont reconcilié avec lui. Nous nous etions brouillié il y a plus de trois ans. Nous nous somes donc raccomodé, et nous nous somes engagé a evitez désormais tout sujet de brouillerie entre nous. Nous ne violerons jamais la foi que nous nous somes doné a cet égart. On se souviens froidement des plaisire quon a gouté, on se rappele avec plaisir les bones action quon a faite. J'ai cherché dans la religion les consolation qui métait necessaire, et mes peine se sont adoucie.

## XXXI.

Jai rencontré vos cousine, et je les ai salué. Votre tente les a ramené a la ville longtemps avant lépoque quelle avait fixé pour son retours. Une afaire impreivu la forcé a revenire a Paris. Vos jeune parante ne setait accoutumé quavec peine au sejour de la campagne. Les premiez mois quelles y ont passé, leur ont paru bien lons. Mais elles setait enfin resigné a vivre dans cette triste solitude qui leur avait dabort tant deplu.

Depuis quelles etait sortie de pencion, elles avait abandonné létude et même la lecture. Elles ne setait plus ocupé ni du dessein ni de la musique. Mais, dans leur retraite, elle ce sont decidé a reprandre leurs étude. Elles ont dabort reglé lemploi de leurs tournée, et se sont faite une loi de ne point secartez du plant qu'elle setait tracé. Elle ce sont assujeti a ce levez tout les jour a six heures. Elle se sont proposé détudiez, depuis leur levez jusqu'au dejeunez, la geografie et lhistoire, quelles avait négligé daprandre dans le pencionat ou elles ont été elevé. Elles dejeunais a neuv heurs, et sexersait ensuite sur leur instrumant jusqua onze heurs et demi. Elles Jouait ou ce promenait jusqua une heure. Elles lisait alors ensemble le Cour de Litterature de *La Harpe*, et dautre bon livre, dont elle setait accoutumé a faire des extrès. A trois heurs, elle soccupait de leurs ouvrage a laiguille jusquau dinez; après le dinez, elle se recreait pendant deuz heurs; puis, elles reprenait leurs ouvrage a léguille jusqua lheure de la priere, quelles ont toujour fait en commun. Telle est la regle quelles setait imposés et quelle ont constament observé. Je les ai prié de me comuniquez les extrait quelles ont faits, et elles si sont preté de bonne grace.

## XXXII.

Cette femme a toujourz employé au souslagemen des pauvre les richesse que la providanse lui avait départi; elle sen est servi particuliairement pour secourire les vieliard que les infirmité attaché a leur age avait reduis a letat dindigense, et pour faire elever de malheureuz enfant que la mort avait privé de leurs parens. — Ces deuz ecrivins se sont constamment elevé contre le mauvais gout qu'on a justement reproché a leur siecle, et ils ce sont fait des ennemi de tout ceuz qui setait imaginé que lesprit conciste dans les pointe et dans les jeu de mos. On les a accusé dune jalouzie dont il se sont toujours montré incapable. — Les éloge qu'on vous a prodigué, vous ne les avez mérité ni par votre aplication ni par votre docilitée. Votre mere sest appersu elle meme que toute ces louanges était du a la flaterie et a la complaizanse. Les faute nombreuze que vous avez comise, aurait du areter ce torant dadulation. — La querelle que jai vu sengager entre ces deuz rivaus, est devenu vive et seirieuze. Il se sont rancontré derniairement dans une promenade; il ce sont dit des injure, et ce serait battu, si on ne les avait empeché den venire a cette extreimietée. — Cette jeune personne sest randu odieuze par lhabitude quelle a contracté de contrefaire tout le monde. — Cette femme a été accusé d'avoir contrefait le sin du ministre, et sest trouvé convincu dun crime de fauz pour lequel elle a été justement puni. On apele crime *de faux* le crime de celui qui alteire une piece, qui en produit ciemment une fausse, qui depose faux. On apelle *faussaire* la personne qui sest rendu coupable de ce crime.

## XXXIII.

Je vous remerci des servisse que vous m'avez randu : ce sont des faveure que je noublirai jamai. — Les chaleure qu'il a fait cette anée nont duré que quelque jour. Il sest fait de joli partie dans les bauz jour quil y a eu sur la faim de septambre. Quelque ait été les maux que nous avons eu a souffrire, nous les avons soufert paciemment. Quelque somme que jai eu a payez, je les ai toujour payé aux terme échu. Adèle a obtenu toute les grace quelle a voulu, toute les faveure quelle a deziré, elle se les est vu accorder aussi tôt quelle les a eu demandé. Ma fille sest laisé abatre par les chagrains auquelle elle sest laisé aller. Elle sest laissé devorez par lennui, et elle y a enfin succombé. Elle sest fané comme une rose quon brulé les vens du midy. Avant que de mourire, elle a revelé à sa mere la cause de ses peine. Elle nous a avoué tout ses tors, et nous les lui avons pardoné. Quelles chimère ne setait elle pas imaginé? Elle setait imaginé quelle netait point aimé de sa sœur Sophie. Cest la jalouzie quelle avait consu contre cette sœur, qui l'a fait périre. Elle nous a dit quelle setait proposée plusieurs foi de nous ouvrir son cœur, mais quelle navait jamais osé le faire. Si elle ne setait pas tu si longtems sur la cause de ses chagrains, que nous navons jamais conu, que nous navons meme pu soupçoner, nous nous serions appliqué a dissipez cette jalouzie, et nous aurions sauvé cette malheureuze enfant, que la mort nous a oté dans le printems de sa vie.— A peine furent ils entré dans le vaissau, que, ne pouvant plus respirez, ils demeurerent immaubil; car ils avoit nagé trop lontems et avec effor pour résister aux vague. Peu a peu il reprire leur forse; on leur dona dautres habis, parce que les leur était apezanti par lau qui les avait pénetré, et qui coulait de toute part.

## XXXIV.

Quelque briliante que soit les couleure que écrivin employe, quelque beauté quils seime dans les détailles, si sa plume marche sans guide, et jete a lavanture des traiz irregulier et des figure discordantes, lansamble choquera, ou ne ce fera pas assez sentire; et, en admirant lesprit de lauteur, on pourra soupçoner quil manque de génie. C'est faute de plan, c'est pour navoir pas assez reflechi sur leur objet, que des homes desprit ce trouvent embar rasé, et ne savent par ou commenser a écrire. Ils appersoivent a la foi un grant nombre didée; et, comme il ne les on ni comparé ni subordonné, rien ne les détermine a preiferez les une aux autre : ils demeure donc dans la perpleixitée; mais, lorsquils ce seront fait un plant, lorsquune foiz ils auront racemblé et mis en ordre toute les pencée essenciel a leur sujet, ils sappersevront aizémant de linstant auquel ils doive prandre la plume; ils sentiront le point de maturitée de la produxion de lesprit; il seront pressé de la faire eclore; il nauront même que du plézir a ecrir : les idée ce succedront aizément, et le stil sera naturel et facil; la chaleure neitra de se plézir, se reipendra partout, et donera de la vie a chaque expression; tout sanimera de plus en plus, le ton seilevera, les objet prendrons de la couleure; et le santimant, se joigniant a la lumiere, logmantera, la portera plus loing, la fera passer de se que lon dit a ce quon va dire, et le stil deviendra inteiressant et lumineu.

## XXXV.

### LE VIEILIARD ET LES TROIS JEUNES HOME

Un octojeinaire plantait.
Passe encor de batir; mais planter a cette age!
Disait trois jouvançaux, enfant du voizinaje :
Assurement il radottait.

Quon cherche alieur des debut plus simple, plus net, plus vif, plus riche, dun tour plus piquant.

> Car, au nom des dieu, je vous pries,
> Quel fruit de ce labeurre pouvez-vous recueillir
> Autant quun patriarche il vous faudrait vieillir.

*Au nom des dieu* est affectueuz; *je vous prie* est familiez; *labeurre* est tres poetique : quon essaye de mettre *travail! Patriarche*, familier encore.

> A quoi bon charger votre vie
> Des soin dun avenire qui nest pas fait pour vous?

Il est dificil de dire mieuz la meme chose, et en moins de mos; *charger*, expression forte; *charger votre vie*, tour poetique.

> Ne songez desormais qua vos faute passé;
> Quitez le long espoire et les vastes pensée :
> Tout cela ne convient qua nous.

Le caracteire du jeune homme estpeins dans se discourt; le fond en est dézoblijean. *Songez a vos faute* tien de loutrage. *Quitez le long espoire et les vaste pensée.* Quel vers! quil est riche, quil est harmogneux! quel champ dinée pour le lecteur! *Long espoir* est un latinisme qui fait bauté. *Tout cela ne convient qua nous :* cest la confiense du chesne.

> Il ne convient pas a vous meme,
> Repartit le vieliard. Tout etablissement
> Vien tart et dure peu.

Cette maxime tres belle, tres importante, et placé, on ne peut mieuz, dans la bouche d'un vieliard dune expérianse consomée.

## XXXVI.

La main des Parque bleme
De vos jour et des mien se jou égallement.

*Bleme* fait imaje; c'est la *pale mort* d'Horace. Le poette a imité le reste de la pensée de lauteur latin, mais en la rageunissant par un tours nouvau. Horace avait dit : *La pale mort heurte également du piez a la porte des roix et a celle des bergez.* La Fontaine dit : *La parque bleme se jou egalement de la vie des jeune et des vieu.*

Est il aucun momant
Qui vous puisse assurer dun secon seulment?

Cet un rézonnemant plin de filosofie. On voit avec quel force il est randu, et quel est leffet du mot *seulment* placé au bou du vers.

Mes arriere-neveu me devront cet ombrage!
Hé bien défandez vous au sage
De se donner des soin pour le plaizir dautrui?
Cela meme est un fruit que je goute aujourdhui
Jen puis jouir demin et quelque jours encore.

Il n'est rien de plus noble que se sentiment. Si nos pere navait travalié que pour eux, de quoi jouirions nous?

Je puis enfin conter laurore
Plus dune foiz sur vos tombeau.

Ce tour poetique done un air gracieux a une pensée triste par elle meme.

Le viéliart eut raison: lun des trois jouvanseau
Se noya dès le port, alant a l'Amérique;
L'autre, afin de monter aux grande dignite
Dans les emploi de Mars servant la republique
Par un coup impreivu vit ses jour emporté;
Le troisieme tomba dun arbre
Que lui meme vouloit entez:
Et pleurés du vieliard, il grava sur leur marbre
Ce que je vien de raconter.

Le caracteire du vieliart ce soutient jusquau bou. Il les pleurat, quoiquils lui eusse parlé avec peu de respect; mais il a tout pardoné a la vivacitée de leur age. Il gemit de les voir si tot moissonné.

## XXXVII.

Des filou ont volé a ma seur tout les bijou quelle avait emporté en partant. Je ne sçaurais vous dire les somes exhorbitante que ces bijou lui avait couté. Ils fesait sa principal richesse. Aussi la voila compleitement ruiné. Elle avait entrautres chose une tres joli bague quelle nous a montré avant que de partir, et qui avait couté quatre vingt louis. Je lavais prié den faire présent a sa filieule; mais elle sy est opiniatrement refusé, Pourquoi vos lettre marive-t-elle toujour tout ouverte, toute decachetté? Je cachète toujours les miène avec taut de précaucion! Jespere que dorenavent vous cacheterez les votre avec le meme soin. Ma cher tante, je vous avais prié d'apuyer ma demande auprez de mon oncle. Mais je ne pensais point que vous lapuyriez aux depends de mes couzine. Je ne veux point que dezormais vous apuyez mes demande au prejudisse de vos enfant. Dans quelque semeine, l'église nous preizantera des ramau beni; et ci nous les recevons avec les disposicion convenable, nous serons beni de celui au nom du quel les ministre sacré nous les auront offert. Cete femme est bien malheureuze, et le sera toujour, tant quelle ce livrera aux sentiment de jalouzie qui lont agitté depuis trois an. Quelque soit les tort de son mari, quelque juste que paraisse les pleinte quelle nous a fait de lirreigularitée de sa conduite, elle deverait pencer que les pleures quelle a versé jusqua ce jour ont été inutile, et que les emportement au quel elle sest laissé aler, sont plus propre a éloigner encore d'avantage son epous qua le rammenez. Quelque defauts quait un homme auquel une femme ce trouve uni, ce nest que par la patianse et la douceure quelle doit chercher a len corigez.

## XXXVIII.

Ma seur mecris que la mort de son amie a été baucou plus promte quelle ne lavait cru, quelle ne si était atendu. Je suis bien aise quelle ce soit trouvé absente au moment de cette terible catastroffe. Les legume que votre couzine a fait venir de sa maison de campagne, sont il aussi bon quelle nous la annoncés et quelle sest plu a nous le repeter tout letè derniez? Votre cheval est un des plus bau que jai jamais vu. Julie, je vous avais prié de maporter un paquet de clou doré, et de prendre les plus bau et les plus lon que vous pouriez trouver, dussiez vous les payez six sou la piece, et vous ne men avez aporté que de tres vilin et baucou trop cours. La victoire complette que nous avons ramporté, amene enfin la paix que nous navons cessé de dézirez depui tant danée. En matierre douvrages de prose et de vers, et surtout dans les piece dramatique, on dit quun auteur a bien ammené un insidant, une reconaissence, etc., pour dire quil les a fais venir a propoz, quil les a preparé avec art; et, en matière de contestation juridique, ou de disputte, on dit quune preuve est ammené de bien loing, pour dire quelle est recherché, quelle nest guerre naturel. On porte a plus de quatre vingt mille franc les somes que mon oncle a depencé dans les divers voyage quil a fait. Cest une chose rare quun ami fidele et genereus qui soublie lui meme pour ne s'occuper que des interet de son ami. Combien avez vous trouvé d'écu dans chaquun des deux sac que vous avez reçu? Vous devez en avoir trouvé cent quatre vingt dans le premiez, et cent quatre vingt dix dans le segont. Jai vu quatre vingt soldat qui ont batu six vingt hussars. Je ne me rapele plus aujourdhuy auquun de ces joli conte que vous avez ecouté autrefoiz avec tant de plaisir, et que je me rapellais alors si facilment.

## XXXIX.

Le peu de pistolles que jai ganié ont été dissipé en peu de tems, par le peu deconomi que ma femme a toujour aporté dans les deipanse de son meinaje. Je laisserai cependant a mes enfant plus de biens que je nen ai moimeme heirité de mes parans. Ma seur sest fait religieuse, et ne sen est jamais repanti. Jai gagné vint mille francs en lan mille huit cente dix; mais je nen ai gagné que douze mille en lan mille huit cents treise. Mes enfans fairont toujour mes plus cher delice. Je les ai fait pindre tenant un oisau chaquun sur son doit. Mes fille ce sont propozé daler vous voir demin matin ou demin au soir. Quelque bau que soit les endrois ou tu es, tu ti deplais. Quelquez endrois que tu aye vu, jen ai vu d'avantage. En quelque vilins endrois que ce soit trouvé ma seur, elle si est toujours plu.

Quelque soit mes destin, libre ou chargé de fer,
Je pretens te hair, meme au fond des enfer.

Ma femme etait parti toute eploré, elle est revenu toute rayonante.

Cest Venus toute entière a sa proye attaché.

Quelque soit nos ennemi, quelque nombreus quils paraisse, quelque partizan quils aye, quelque chaus que soit ces partisan, nous trionferons. Quant nous serons prez a paraitre, nous paraitrons, quoique on dise, quoique on fasse. Cet home a le cœur bon; quand a la tete, elle est bien mauvaise. Une discution sest elevé entre ces deuz professeur qui se sont disputé fort lontems, et ne se sont pas entendu. Il ce sont dechiré a bel dent. Il ce sont dit des verité bien dure. Il ce sont eux meme couvert d'oprobre devant une nombreuze assemblée.

## XL.

La ville de Tobolsk, capitalle de la Sibérie est situé sur les rive de l'Irtish; au nort, elle est entouré d'immance forez qui s'étende jusqua la mer Glaciale : dans cette espasse de onze cent werstes, on rancontre des montagne aride, rocalieuse et couverte de naiges éternel ; des plaines aincultè, depouiliée, ou dans les jours les plus chaux de lanée, la terre ne deigelle pas a un piez ; de triste et large fleuve dont les au glacé nont jamaiz arosé une prérie, ni vu epanouire une fleure. En avensant daventage vers le pole, les cedre, les sapin, tous les grans aubre disparaisse, des broussailles de meleses rampant et le bouleau nain devienne le seule ornement de ces mizerable contrée ; enfin, des mareis chargé de mouce ce montre comme le dernier efort dune nature expirante, aprez quoi toute trasse de vejetacion disparait, neanmoin cest la quau milieu des horreures dun eternel hyvert, la nature a encor des pompe magnifique ; c'est la que les aurore boreal sont freinquante et magestueuze, et quambrassant lhorizon en forme darc tres clair, dou parte des colone de lumière mobil, elle donnent a ces region hiperboré des spectacle dont les merveille sont inconnus aux peuple du midy. Au sud de Tobolsk setand le cercle d'Ischim ; des lande parsemé de tombau et entrecoupé de lac ameir le seipare des Kirguis, peuple nomade et idolattre. A gauche, il est borné par l'Irtish, qui va ce perdre, aprez de nonbreu deitour, sur les frontieire de la Chine, et a droite par le Tobol. Les rive de se fleuve sont nu et steiril; elle ne prezante a l'euil que des fragment de roq brisé, entacé les un sur les autre, et surmonté de quelque sapein; a leur piez, dans un angle du Tobol, on trouve le vilage domanial de Saïmka; sa distanse de Tobolsk est de plus de six cent werstes. Placé jusqua la dernieire limitte du cercle, au milieu dun paiis deizert, tout ce qui lautour est sonbre come son soleille, et triste come son clima.

## XLI.

Cependant le cercle d'Ischim est surnomé l'Italie de la Sibérie, parce quil a quelque jour dété, et que lhyver ni dure que huit moi, mais il est dune rigueure extreime. Le van du nort, qui soufle alort continuelment, arrive chargé des glasse des deizers arctique, et en aporte un froit ci peinetrant et ci vif, que, des le moi de septambre le Tobol charie des glace. Une neige epeice tombe sur la terre, et ne la quite plus qua la fin de mai. Il est vrai qualort, quant le soleil comence a la fondre, cest une chose merveilleuze que la promtitude avec laquel les arbre ce couvre de feuille et les chant de verdure : deux ou trois jour sufise a la nature pour faire epanouire toute les fleures. On croirait presque entandre le bruit de la veijetation ; les chaton des boulaus exale une odeure de rose, le cythise velu sempart de tout les endroiz humide ; des grouppe de cigogne, de canars tigré, doyen du nort, ce joue a la surface des laqs ; la gru blanche sanfonce dans les rozau des mareis soliterre pour y faire son nit, quelle nate industrieusement avec de petit jong ; et, dans les bois, l'écureuille volant, sotant d'un arbre a autre, et fendant lair a laide de ses pate et de sa queu chargé de laine, va ronjer les bourjon des peins et le tendre feuliage des boulau : ainsi, pour les etrez animé qui peuple ces froide contrée, il est encore dheureux jour ; mais, pour les exilé qui les habite, il nen est point.

La plupart de ces infortuné demeure dans les vilage qui bordent le fleuve depuis Tobolsk jusquau limite du cercle d'Ischism ; dautre sont relegué dans des cabane au milieu des chans. Le gouvernement fournit à la nourriture de quelques un ; ceus quil abandonent vivent de leurs chasse dhyver : presque tous sont en ces lieu lobjet de la pitié public, et ui sont désigné que par le nom de malheureus.

XLII.

Les cavaliez que nous avons vu ariver hier sont reparti se matin. Nous les avons vu travercer la place de la haute ville. Le bruis des trompete nous a revelié, et nous nous some levé prontement. Le bruit du galot des cheveaux a frapé aussi nos oreilles, et nous avons reconnu les deuz brigade qui etait arrivé la veille. Tout les abitant de la ville setait levé comme nous, setoit mit pareilmant a leur feneitres, et paraissait emervelié de voir une ci belle troupe. Deux des chevau se sont jetté or des rans malgrez les efors des cavaliez qui vouoit les retenire. Ils se sont cabré plusieures fois, et nous avons crains quil ne blessasse quelquezuns des spectateur qui était dans les rue. Mais les cavaliez ont sçu les domter; et es ont ramené dans les rans.

La flote que nous avons vu mettre à la voile, a suivi la cote septantrional, et cest tenu constament sous la protexion des forts. Les prames anglaises que nous avons vu la semaine passé, ne ce sont point offert a nos regars depuis deuz iour. Je croyais que la brume dont la mer était couverte hier matin nous empeichait seul de les voir. Mais cette brume c'est dissipé, et nous nappercevons auquun vaissau ennemi dans le détrois. Mon fils et moi nous nous somes promené hier sur le sable de la mer. La marée était basse. Tout le rivaje etait couvert dune foule nonbreuze dhome et de femme. Nous avons vu lancer un corsaire a lau. Nou somme rentré le soir, fort content de notre journée.

## XLIII.

### ELOGE DE LA VIE CHAMPETRE.

Est il un etat plus seduizant que detre placé loins de la coruption des ville, au milieux de linocense pastoralle et des retreite fleuris de la nature? — Prezantez ces objetz a laubicieux agité par les orage des cour, il sera surpri de gouter une paiz intérieur quil navait point connu; et, par un retours sur lui meme, il envira lheureuze condicion du pasteur. « O « champs, secrie Horace, deveau courtizant « quant vous verrai-je! quant me sera t il « permit doubliez, tantot dans le someil, « tantot dans létude des ansien, et dans les « heurs oizive, les souci dune vie inquiete! » Comme ces idée ci sinple vous enchante, aprez les recit fatiguans quil a fait de la ville et de la coure! Come il est rammené par un charme puissant a lamour des campagne! Cest le veu de tout les home : ils ont bau santourer de lapareil des fete et de la ponpe des spectacle, il nen est auquun qui naime a revoir un bau jour de printems et dagreste paysages : on quitte les jardin les plus fastueuz, pour seigarer dans une prérie sovage, prez dun ruiceau qui murmur doucement sur des caliou, et senble apeller la reiverie. Cest alort que lhome ce retrouve avec lui même; il nest plus inportuné du luxe des grans et des monument de lorgueil : il est seul avec la nature, qui le console, et qui porte a ses sens le baume de la joye avec celui des fleure.

## XLI.

La prame que nous avons vu prendre ces defendu avec une rare intrepiditée. La fregate enemi qui sen est emparé, a faite une maneuvre habil, et la separé des deuz autres prame qui aurait pu la secourirre. Une fusiliade tres vive cest engagé entre la frégate et la prame. Come la fregate etait quatre fois plus forte que la prame, celle si a du sucombez. Mais elle ne sest rendu quaprez avoir vu tomber son pilote, son comandant, et les deuz tierts de lequipage. Elle sest vu alors réduit a amener, et les Anglais lont amariné. Deuz matelos ce sont jeté a la mer, et ont mieuz aimé s'exposer a périre dans les flos que detre emmené prisoniez en Angleterre. Leur courage les a sauvé : aprez avoir nagé pendant une demi heure, ils ont rejoint une prame qui les à reçu, et leur a doné sur le chant tous les secourts dont ils avait bezoin. Tout nos batiment ce sont batu avec un égale courage contre les vaissauz enemi. Ils les avait meme fait fuir la veille. Mais les Anglais etait revenu pendant la nuit avec des forse superieur. Nous avons été temoin de se combat, et nous ne craignons pas de dire que cest un des plus vif que lon ait vu se livrer dans le detrois. Les nonbreuz spectateur, placé sur le haut des dunes, ou sur les rempars de la ville, on cru dabort que la fregate anglaise setait laissé prendre ; et tous les coeur etait penetré dune grande joye. Mais cette joye cest changé en une douleure profonde, lorsque nous avons reconu que cetait notre prame qui venait detre amariné.

XLV.

Ma cousine, que javais prié de macheter une douzène et demi de peiche, ne men a acheté quune demi dousaine. Je lai prié de reiparer sa faute le lendemain, et elle men a acheté deux dousaine et demi ; mais elle les a payé trop chère. Ma sœur a desiré quon lui achela un pagnez de six vingt abricos pour en faire de la marmelade. Elle en a trouvé plus de quatre-vint qui etait trop mur. Nous alames voir, la semaine dernière, lhospice des quinze vint. Vous sçavez que cète maison a été fondé par S. Louis pour servire de retrète a troiz cent gentizome qui étoit revenu aveugle de lexpedicion de la Terre-Sainte. Jai reçu les deux cent vint bouteille de vin de Bordeaux que vous mavez envoyé. Je vous les payerai à mon retoure, ainci que les quatre vint bouteille de genièvre que vous avez bien voulu me céder. Quelqu'ait été nos fatigue, nous les avons suporté avec paciance; quelque danger que nous ayons couru, nous les avons bravé; quelque dure, quelque nombreuze privacion qu'il ait falu nous impozer, nous nous y somes assujeti; quelque longue quait été nos soufrance, notre courage ne nous a jamais, abandoné. Connessez-vous tous les home celebre que le departement de l'Aisne a vu naitre? Le grand Racine, l'inimitable La Fontaine, et plusieurz autre ecrivins illustre, sont né dans se département. Parmis les grans homes que la ville de Genève a produis on distingue surtout Jean-Jacques Rousseau.

## XLVI.

Rien nest plus admirable que lindustrie que deploye les oizeaux dans la construxion de leurs nid. Lors que le zephire ramenne le printems, et qu'un douz soleil fait renaître le feuliage, des trouppe doizaux voyageure revienne dans nos climas, et comancent a chantez leurs amour. Un instint secrez les avertis de la naissance de leur petis.

Tout les lieu son peuplé de leur troupes volage;
Les forez, les gazon, les rozau, les bocage,
Leur servent a cachez mil berceau charmant;
Chantres harmonieux, architecte sçavant,
On les vois travalier a leur petis menages;
Ils remplisse les air des plus joyeuz ramage,
Et celebre lamour pour charmez leur travau.
Lun battit hardiment sa hute sur les eauz:
Pour mieuz la preservez des fureure de lorage,
Il l'atache avec art au plante du rivage,
Et son nid, retenu par ces flexible neuz,
Balansé sur les flos, monte ou baisse avec euz.
Lautre construis le sien comme une pyramyde,
Et pour nous derobez sa famille thimyde,
Dun bec industryeuz eleve une cloison
Qui partage en deuz pars sa legerre maison.
Cependant le remiz, sur une onde tranquile,
Vien suspandre son nid a la branche mobil,
De la maternitée goutte en paiz les plaisir
Et livre son hamac au soufle des zephires;
Tandis que des serpent la trouppe fugitive
Rempe, glisse, se dresse et sifle sur la rive,
Et, l'œuil etincelant, contenple avec fureur

Vois ses petis joyeux sortire de leurs coquille,
Et chante tendrement son aimable famille.

A peine tout ces nid sont ils achevé que les femelle socupent a pondre. Ces petis etre si vif, si legez, si inconstant, devienne tout a coup fidels a leurs œuf. Les femelle ne chante pas, surment parce quetant destinés a restez sur leurs couvé, ce talent auroit pû devenir funeste a leur petis, en atirant les chasseur. Cependant le male ce place quelquefoiz sur un arbre voizin, et charme les peine maternèle par les symphonie les plus douce. S'il faut en croire Dupont de Nemours, qui, come vous le sçavez, conprenait le langage des oizaux, et a qui nous devons la traduxion de lhymne du rossignole, le male, pendant les couvé de la femèle, dit les plus joli chose du monde.

## XLVI.

Il ce presente ici une observacion importante. Remarquez que, dans cette scene et dans les autre morceau que j'ai cité ou que je citerai come les meilleur, la diction nest point au dessous des sentimans et des idé, quelle noffre que très peu de faute et des faute très légère. Cest une nouvel preuve de cette veirité que jai deja établi ailleurs, et que tout sert a confirmez, quen general il existe un raport naturel et presque infaillible entre la maniere de penser et de sentire, et celle de sexprimez; que lune dépent beaucoup de lautre, et qu'il est rare que cette dépendanse nait pas un effet sensible. J'ai observé, après Voltaire, que tous les endroiz ou Corneille a le mieux pensé et le mieux senti, sont aussi ceux ou il a le mieux écri. Cest donc a tor que lon a voulu tant de foiz faire du talent d'écrire une facultée distincte et separé des autre, surtout dans les poëte, que l'on a voulu nous faire croir que, dans les mauvaisé piece de Corneille ou dans les mauvais endroiz de ses meilleur pièce, il ne manque quune versification plus soigné. A lexamen, cette assercion ce trouveroit fausse; et ceux qui lont renouvellé a propos de Crébillon, ou ce sont trompé de meme, ou voulait trompez. Ils ne songe pas que le style comprent les sentimans et les pensé, et que dans toute les pieces faible de Crébillon, comme dans celles ou Corneille a été si inferieur à lui même, les sentimans et les pensé ne vale pas mieux que les vers. Sans doute que la diction est plus ou moins elégante, plus ou moins poëtique, plus ou moins travaillé dans tel ou tel écrivain; mais elle a dans chacun d'eux un different caractere, et ce caractère meme est relatif a celui de leur talent. Mais generalement lhomme qui écri mal à mal pensé; et ce qu'on voudrait faire passez pour un simple defaut de gout dans le style, est un defaut dans lesprit, et un manque de justesse, de netteté, de vérité, de force dans les idés et dans les sentiment. Pourquoi Racinc est il celui des moderne qui a le mieux fait des vers? est ce seulement parce quils sont très bien tourné? Cest parce que toute les idée sont juste et les sentiment vrai.

## XLVII.

Mesdemoiselle, je suis faché de navoir point trouvé en vous les connaissance grammaticals que vous vous etiez flaté vous meme de possédez dans un si haut degrez. Vous avez du reconnaitre avec chagrain combien ces pretencions étoit mal fondé, combien vous vous étiez abuzé dans vos pensée présomptueuse. Mais cète erreure dont vous vous etes appersu, ne vous aura sans doute pas decouragé. Au contraire, elle vous auras surement exsité a redoublez defort pour vous rendre plus familieire les regle de la grammaire que vous avez reconnu que vous ne poscediez encor quinparfeittement. Quelque difficile que soi es regle, quelque peines que vous ayez éprouvé pour en faire une juste aplicacion, vous ne devez pas désesperez de voire enfin vos traveaux couroné du succès le plus complet. Quelque soit les degout que vous aurons fait essuyez ces regle seches et ennuyeuse, vous vous applaudirez un jour de ne vous etre laissé rebutter ni par lariditée des précepte, ni par le peu de succès que vous aurez obtenu dans les comencement. Vous sçavez conbien de peines ces regles ont couté au demoiselle qui vous ont precedé dans la meme carrierre. Conbien de foiz ne les avez vous pas vu toute affligé, toute decouragé de l'inutilitée de leurs efforts! mais aussi conbien d'eloge, conbien d'aplaudissemens leur a valu leur perseverance dans le travaille! Soyez sur que vous obtienderez les meme succes que vous avez vu quelles ons obtenu, si vous suivez leurs traces avec la meme ardeure. Vous avez deja vincu plus de dificultées quelles nen avait surmontés a votre age. La conaissanse parfaitte de notre langue est sandoute plus dificille a acquerire que vous ne laviez cru dabort. Mais aussi quelle merite y aurait il a la possedez, si vous laviez obtenu sans peine? *A vincre san perille, on trionfe sans gloire.* Vous m'objectei iez peut ètre que vous vous étes deja doné beaucoup de peine. Mais ces peines sont loing de pouvoir etre comparé au peine que s'etait doné les compagne dont nous venons de parlez. Aussi, pandant les derniez moi quelles ont passé dans cète maizon, elles ce sont plu à nous entretenire de la joie quelles ont enfin ressanti de ne setre pas laissé decouragez par les epinne quelles ont rencontré dans la carrierre que vous avez vu quelles venait de parcourire. Ces regle que vous aurez dabort trouvé rebutante, et que nous vous auront forcé de repeter tant de foiz, ce graveont enfin dans votre esprit pour nen plus sortire, et vous direz avec nous *qua force de forger on devien forgeron.*

## XLVIII.

Le mansonje et la véritée que vous avez toujour confondu, que vous navez jamaiz sçu distinguez, sont bien opposé, bien aisé a reconaitre, et toujours surement discerné par lhome qui a le sens droit. Vos soeur sont entré dans ma chambre a mon insu, sans que votre mère en ait eu conaissanse, sans que les dommestique les ait vu entrez, et, à mon retours, j'ai trouvé tout boulvercé, tout sans dessus dessouz. Vos cousine, quelque savante quelle soit, fgniorent encor bien des chose, quelle devrait ce montrez plus enprescé daprendre. Quelque prix quelles ait ranporté dans leur pencion, et quelque soit les louange que leur on prodighé des maitresse trot conplaizante quelles avoit sçu gagniez, quelles sétoit attaché par des soinz assiduts et des flattries inteirescé, je nai point trouvé en elles des conaissances et les perfexion que je leur ai entandu attribuez, que les homes et les femme ce son plu à leur accordez. Leur douceure et leur sencibilitée que jai entandu vantez si souvent, ne ce sont encor manifesté ni enverd les domestique ni enverd les pauvre. Si josais vous exprimez franchemant ma pencée a leur égart, je vous dirais quelles on lair trompeure, et que je ne suis point la duppe de leur hipocrisye. Les deuz muziciens etrangez que vous aviez invité a votre consert, et que la sociétée a entandu chanter avec tant de plaisir, ont exécuté plusieurs baux duo qui ont été vivemant aplaudi. Mais je suis surpriz que personne nait aplaudi la romanse italiène que nous avons entandu chanter immediattement aprez louverture d'Iphigénie et qui cependant ma semblé très joli. Vous sçavez, messieurs, que les raillouz et les épine que mes sœurs ont rencontré en tonbant, sur lesquels elle sont tombé, sur lesquel nous les avons vu tombez, sur lesquel nous vous avons vu les poussez, les on mise dans un état epouvantable, qui les a empeché de sortire pendant plusieur jour. Elle ce sont relevé tout ecorché, toute dégoutante de sang, les genouz et les jambe toute emporté, la figure toute meurtri, les bras touts disloqué.

## XLIX.

On apèle disciple de Jésus-Christ ceuz qui suive la doctrine de Jésus-Christ, et prinsipalment les apôtres, et les autre que le Sauveur avait choisi pour prechez levangile. — Les chevaux que vous avez atelé a notre voiture ce sont enpétré dans leur trais. — Ma mère a été ému de compascion a la vu des pleures que vous avez vercé. — Ma bone amie, tu as été trompé par les parolles enmiélé de cète femme pleine d'astuce, et tu le sera toujour toute les foiz que tu ecoutra de pareil gens. Si vous ne venez pas chez moi cet aprez midy, jirai vous voire demin au soir, ou bien aprez-demin matin. Voulez-vous que je vous renvoyes le parapluie et la capotte que vous avez laissé chez moi;

ou qui y ont été oublié par votre femme de chanbre? Tullus navait plus dépouze; il rassenblait toute sa tendrèce sur son fils Numa. Le ciel semblait vouloire recompensez les vertue du vieliard par les don quil avait prodigué au jeune home. Tullus, de concer avec son roi, a ordonné la fete de Cérès. Chaque anée, avent que de comancez la moisçon, tout les laboureur, paré de leur plus bauz habis, ce rassemble dans la ville de Cures. Cest de la quil parte pour aller au temple. Les joueur de flutte ouvre la marche; ensuitte, vienne de jeune vierges, portans sur leur têtes, dans des corbeils orné de fleure, des ofrande purs pour la deesse. Les enfan des laboureur marche après elles, vetu de robes blanche, couroné de bluet, et conduisant le vorace animal qui se nourit des fruis du chene. Cete troupe nonbreuze, fiere de gardez la victime, veut afecter une gravitée toujour derangé par leur joye bruyante. Leur pères les suive dun pas tardiffe, en recommandant le silanse, et pardonant detre mal obei. Chaquun deux porte dans ses mains une gerbe, premice de sa moisson. Les prinses, les guerrié, les magistras, nont plus de rang dans se grand jour, et cède le pas avec respect à ceux quilles on nouri.

L.

Ces deuz home ce sont batu a cous de piez et a cous de poins. On a apelé la garde, qui est venu aussitot, et les a enmené piez et poins lié. Vos deüz couzine ce sont perdu en veine démarche pour obtenir les deuz place quon avait promis a leurs mari. Quels homé que les deuz Caton! La France a eu ses César, ses Caton, ses Pompée. Ces messieux vous avait prete leur chevaus; ils demandes quon les leur renvoye, renvoyez les leur. Tout ses honeur, toute ses richesses et toute sa vertu ce sont evanoui. Ce sont eux qui, rempant toujours, ce sont elevé ci haut. Mes frère ce son vu enlever leur biens par un jugement contraire a toutes les loi de la justisse. Je les ait trouvé mouran de douleure. Ma sœur cest laissé attendrire au recit de leur infortune. Je lai vu vercer dés larme sur le sort de nos maleureux frere. Cest elle que vos tante on vu chez moi, lorsquelles y sont venu. Les deuz portrais que vous mavez comandé, sont fais depuis plusieur jour. Lorsque je les ai eu fini, je vous les ai envoyé, et je suis bien surprit que vous ne les ayez point reçu. Je les ai fait porter au burau des messageris par un home de confianse. Voila les femme que tu as envoye cherchez tes liquetres. Voila les liqueur que tu as envoye chercher. Annette mavait demandé des poire; je lui en ai envoye vingt, quelle a trouvé fort bonne. Nous nous somes plu a vous contredir pendant toute la seance de la cemaine derniere : mais nous nous en some repanti depuis.

## LI.

Ces femme que vous avez laissé passer naurait pas du etre admise dans notre assemblée. Pourquoi ne les avez vous pas empeché dentrez? Vous sçavez les chaleures quil a fait au mois de septanbre : cest un des plus bau mois quil y ait eu cet anée. Ma tante est arrivé hiere au soir; quant je lai eu enbracé, elle ma demandé de vos nouvelle. Elle regraite baucou les somes que son voyage lui a couté. Votre famille lui a rendu tout les servisses quelle a pu. Combien de grandes antreprise cet home a consu et executé pendant les quatre vingt an quil a vécu? Votre mere, que jai vu, sest plaint de votre inaplicacion. Je vous envoye ci-joint une lettre quelle m'avait deja ecrit a ce sujet. Les enfans que vous avez fais tomber en passant, se sont laissé appaisez par les fruits que nous leurs avons ofers. Prens les deuz grans et joli chevaus que tu a vu dans lecuris, et menes les a l'abreuvoire que je taï montré se matin. Tes crime, quelquil soit, te seront pardoné, si tu invoque la clemanse divine avec un cœur contrit et humilié. Quelque grans crimes que tu aye commis, ne desespere point d'en obtenir le pardon : car la misericorde de Dieu est infini. Quelque grans que soit tes crimes, la misericorde de Dieu est encor plus grande.

*Quelque crimes toujours pecedent les grans crime.*

LII.

On dit que quelque signe de revolte ce sont manifesté. Conoissez vous quelque nouvelle qui vaille la paine detre raconté? Trajan est un des plus grans prinse qui ait regné. Ces jeune demoiselle que vous avez laissé jouez trop lontems, nont pas rampli la tache que je leur avait donné a faire. La piesse nouvelle que la polisse a laissé jouer ma paru aussi contraire aux mœurs quau bon gout. Ruth, que Booz avait ancouragé a glanez dans son chant, fut ensuite reconnu par ce sage viéliart pour etre de sa famille; et, aprez quil leut reconnu pour sa parante, il lui offrit sa min. Les succeis que jai sçu que vous avez obtenu dans la campagne que nous avons terminé avec tant de gloire, ont calmé les chagrains que mavait cauzé votre depars. La tapisserie que vous aviez comandé quon vous fit, nest point achevé. Les maladie quil y a eu parmis nos ouvriez, ont retardé l'execution de ce belle ouvrage. Jai vu les estampes que vous avez acheté; je les ai trouvé très bel. Je suis surprit que vous ne vous les soyez pas procuré plutot. Votre amie ma comuniqué les difficulté qui prolonge son sejour a Paris. Je ne me les serais pas imaginé. Ses parens ce sont doné tous les mouvemens quils ont pu pour les levez. Mais tout les efors quils ont fait ont été inutile. L'alouette que vous mavez doné, sest laissé mourir de fain. Mes amis ne ce sont point trouvé au rendez-vous quils mavait doné. Je les ai atendu pendant une demie heure; et ils ne sont point venu.

## LIII.

Votre amie viens de faire baucou de dépance : elle cest fait pindre; elle a acheté de bel robe, et baucou de bijou. Elle cest imaginé que cela la rendrait plus inteiressante. Elle setait laissé séduir par le mauvais exemple des damme de sa société; mais elle a bieutot reconnu quelle sétait trompé, et elle cest repanti de toute les deipence quon lavait excité a faire. Les prune que vous mavez doné, je les ai mangé, et je les ai trouvé fort bones. Les bel perdris rouge que javais trouvé, je les ai laissé anvoler. Cest hiers, je croi, quelle ce sont anvolé. Les tourterelles que javais elevé, je les ai laissé mourir de fin; quant à celle que javais doné à ma seur, elle les a laissé tuez par son fils. La tasse qui mavait été donné pour etreine, je lai laissé tomber. Elle a été cassé en mil morsaus. L'épeingle que javois reçu de ma tante, je lai perdu. Je lavoi laissé dans ma chambre, quelquun la emporté, sans que nous nous en soyons apersu. Jai reçu les lettres que vous maviez adressé au sugez de lafaire que je vous avais propozé; et jai reconu, comme vous, que, si nous lavions entrepris, nous y aurions rancontré des obstacle que je navais pas praivu dabort. La jeune compagne a qui ma couzine a confié ses secrez, ne cest point montré discrette. Elle a compleittement abuzé de la confianse que ma couzine avait mis en elle. Ma couzine a été lontems inquiette des suittes quaurait cette indiscretion. On a reçu la nouvelle de deuz combas qui ce sont livré a la hauteure du Texel.

## LIV.

### CHARLEMAGNE.

Charlemagne avais montré que le geinit dun grant preinse a plu de pouvoir pour reiformez son sieicle que son sieicle nen a pour arretez son geini. Son epoque est la premieire et la plus impozante de l'histoire moderne. Seul il parait avec éclat au milieu des teineibrés universel quil dissipe un moment; et son nom imprime encor quelle que grandeur au bersau des monarchis moderne, qui ne sont que des debris de son empire.

Mais l'Europe, quant il disparut, retonba dans se caho de barbari ou il avoit si rapidement jetté les plus grans trais de lumieire. Rome, quil avait en quelle que sorte fait sortire des ruynes acumulé par les Goths, les Vandales, et les Lombards; Rome, dont il retrouva les anciène borne, et qui reprit avec lui vingt septres quelle avait perdu. Rome mourut presque toute antière avec se nouveau César, et ne fut plus quun souvenir.

Le vaste empir que se grant homme avait elevé et soutenu prez de cincante an, ecraza sous son pois ses trot faible successeur. On ne voit aprez lui que des ceine dopprobre et de dezolacion; des nevœus egorgé par leurs oncle, des frere ce combatant avec toute la ferocitée dune ambition qui nest jamais justifié par le talant; un pere deitroné par ses propre fils, des eveiques, complisse de se forfait, condannant un feible monarque, qui, par lexceis de sa bassèce, a meirité quon ne pleignit point lexceis de son malheur.

A ces calamitées intérieure se meile des calamitées etrengeire. Le nor vomit encore des esseins de barbare qui fonde sur lempire de Charlemagne, come autrefois sur le premier empire romain. Ils en ravage toute les partis, et les lache dessendant de Charlemagne, aincapable de ce defandre, acheite, avec leur villes et leurs provinse, les servisse de leurs puissants favorits. Ces favorits eux meme, agrandi aux depends de leurs maitres, deviennent aussi redoutable à la France que les uzurpateurs etrangez. Tout veullent être souverains, des quun seule nest plus digne de letre.

(M. de Fontanes.)

## LV.

### COMBAT DES THERMOPYLES.

Pendant la nuit Léonidas avait été instrui du progez des Perses par des trensfuges échapé du can de Xerxès et le lendemin matin, il le fut de leurs succeis par des sentineile acouru du haut de la montagne. A cette terrible nouvel, les cheffes des Grecs sassembleirent. Come les uns était davis de seiloiniez des Thermopyles, les autres dy restez, Léonidas les conjura de ce reizervez pour des tems plus heureux, et deiclara que, quant a lui et a ses companions, il ne leur etait pas permi de quiter un poste que Sparte leur avait confié. Les Thespiens protesteire quil nabandonerait point les Spartiates; les quatre cent Thébains, soit de gré, soit de forse, prire le meme parti; le reste de larmée eut le tems de sortir du défilé.

Cependant ce prinse ce disposait à la plus hardi des entreprises. « Ce nest point icy, dit il a ses companion, que nous devon conbattre; il faut marcher a la tante de Xercès, limmoler, ou peirire au milieuz de son can. » Ses soldas ne reipondire que par un crit de joye. Il leurs fait prandre un repa frugale, en ajoutan : « Nous en prendront bientot un autre chez Pluton. » Toute ses parolle laissait une inprécion profonde dans les esdris. Prez dataquer l'ennemi, il est eimu sur le sort de deux Spartiates qui lui etait uni par le sang et par lamitiée : il done au premier une letre, au secont une comicion secreite pour les magistras de Lacédémone. *Nous ne somme pas icy*, dise t'il, *pour porter des ordre, mais pour conbattre*; et, sans atandre sa raiponce, il vont se placer dans les rans quon leur avait assinié.

Au milieuz de la nui, les Grecs, Léonidas a leur tete, sorte du deifilé, avansent a pas redoublé dans la plaine, renverce les poste avensé, et peineitre dans la tente de Xercès, qui avait deja pris la fuite; ils entre dans les tente voizine, ce reipande dans le can, et se rassasie de carnage. La terreure quils inspire ce reproduit a chaque pas, a chaque ainstant, avec des sirconstanses plus efrayante. Des bruys sours, des criz afreuz anonce que les troupe d'Hydarnès sont detruite, que toute l'armée le sera biento par les forse réuni de la Grèce.

## LVI.

Les plus courajeus des Perses, ne pouvant entandre la voiz de leur generaux, ne sachant ou portez leur pas, ou dirigez leur cous, ce jetait au hasart dan la meilée, et perissait par les mins les uns des autre, lorsque les premier reyon du soleil ofrirent a leurs yeux le petis nombre de vinqueur. Ils ce forment aussitot, et ataque les Grecs de toute pars. Leonidas, tonbe sous une greile de trais. Lhoneure danlevez son cors engage un conba terrible antre les conpanion et les troupe les plus aguerri de larmée persane. Deux frère de Xerxès, quantitée de Perses, plusieur Spartiates i perdire la vie. A la fin, les Grecs, quoique epuizé et afaibli par leur pertes, enleive leur general, repousse quatre foiz lennemi dans leur retreite, et, après avoir ganié le deifilé, franchisse le retranchemant, et vont ce placéz sur la petite coline qui est auprez d'Anthéla : il ci defendire encor quelque momant, et contre les troupe qui les suivait, et contre celles qu'Hydarnès avait amené de lautre cote du deitrois.

Ombres genereuse, votre memoir subsistera plus longtems que lanpire des Perses auquels vous avez reizisté; et, jusqua la fein des cieicles, votre exemple produirat dans le cœur qui cherisse leur patri le recueillement ou lentouziasme de ladmiracion.

Avent que laxion fut terminé, quelque Thébains, a se quon preitant, ce rendirent aux Perses. Les Thespiens partagere les explois et la destinée des Spartiates; et cependant la gloire des Spartiates a presque eclipsé celle des Thespiens. Parmis les cause qui ont influé sur l'opinion public, on doit observez que la rezolucion de perire aux Thermopyles fut dans les premiez un progez consu, areité et suivi avec autant de sanfroit que de constance; au lieu que dans les secons se ne fut quune saillie de bravour et de vertue, excité par lexemple. Les Thespiens ne séleveirent audessu des autres homes que parceque les Spartiates cétait élevés audessu deux même.

## LVII.

Lacédémone sanorgueillit de la perte de ses guerriez : tout se qui la conserne ainspire de linteireit. Pendant quils était aux Thermopyles, un Trachinien voulan leurs donner une haute idé de larmé de Xerxès, leurs disait que le nombre de leur trais sufirait pour obscurcire le soleil. *Tant mieux*, reipondit le spartiate Diénécès, *nous combatrons a lombre.* Un autre, envoyé par Léonidas à Lacédémone, etait retenu au bourg d'Alpénus par une fluction sur les yeux : on vin ui dir que le detachement d'Hydarnès etait dessendu de la montagne, et peineitrait dans le deifilé. Il prant aussitot ses armes, ordone a son esclave de le conduir a lennemi, lataque au hazart, et reçoit la mort quil en atendait.

Deuz autres, egalement absans par ordre

du général fure soupsoné, a leur retour, de navoir pas fait tout leurs efors pour ce trouver au combat. Se doute les couvri d'infami : lùn saracha la vie; lautre neut dautre ressource que de la perdre quelque tems aprez, a la bataille de Platée.

Le deivouement de Léonidas et de ses companion produisi plus deffet que la victoire la plus briliante. Il aprit aux Grecs le secrez de leur forses, aux Perses selui de leur faiblèce. Xerxès, efreyé davoir une ci grande quantitée dhomes et si peu de soldas, ne le fut pas moin daprendre que la Grèce ranfermait dans son sin une multitude de defenceur aussi intrepide que les Thespiens, et huit mil Spartiates semblable a ceuz qui venait de peirire. Dun autre côté, létonement dont ces derniez remplire les Grecs, se chanja bientot en un dezir violan de les imiter. Lambition de la gloire, lamour de la patri, toute les vertu fure porté au plus haut degrez, et les ames a une eleivacion jusqualors inconnu. Cest la le tems des grande choze, et ce nest pas celui quil faut choizire pour donnez des fers a un peuple libre.

BARTHÉLEMY (*Voyage d'Anacharsis.*)

LVIII.

Jai touché troiz mil frans en lan mil huit cens sept, dans la ville de Lubeck, qui est a sinquante mil de celle que jai habité depuy deuz an. Ma sœur, que jai vu pindre, employe de bones couleur. Jai été dans le fon de mon departement; jy ai fait des fon pour me procurer un fon de terre; mais je ne fais pas fon sur la parcle quon ma doné. Jai acheté le fon de boutique de se marchent qui est ruiné de font en conble. Le fuzi et lépée que javais emporté, ont baucou servi a ma defance contre les brigans qui nous ont attaqué au milieu de la forez de Fontainebleau. Nous en avons tué plusieur, et la jandarmerie qui est survenu, sest emparé de quelques autre quelle a conduit dans les prizon de Paris. Je pense toujour avec plaisir au sanfroit et a lintreipiditée que mon fils a montré dans se peril eminant. Aprez le conbat, la terre etait toute bainié, toute trempé, toute abreuvé de sang. Quelle sera la douleure de ma tente en aprenant que ses deuz fils ont peiri! Quelque preicaucions que je prène, de quelque meinagemens que juse pour lui anoncer cète afreuse nouvèle, je crins quelle ne puisse suporter un si grant malheur. Quelque soit les suittes de cette nouvele, je ne puis differez davantage de la lui aprandre. Ce nest qua regrez quelle a laissé partire ses enfant. Il senblait quelle eut de secrez pressentimens du malheur que lui est arrivé. Quelque grans que soit les chagrin quelle a éprouvé jusqua ce jour, il ne peuvent etre comparé a ceux dont elle va etre accablé en se moment.

## LIX.

Deuz route sofrait au grant Hercule. Celle de la volupté était semé de fleur; celle de la vertu et de la gloire était rude, escarpé. Il laissa celle la aux homes enervé et lache; et il prefera celle ci. Na tu rien a me demandez, dit Alexandre a Diogène, qui était dans son tonau? Jai a te demandez, reipondit le cinique, de totez de devant mon soleil. Jai été hier entandre lorgue de leglise de Notre-Dame. Jai toujours beaucoup de pleizir a entandre cette orgue, a entendre de pareils orgue. Je connais parfettement mademoizel votre seur, et je puis vous faire son portrait. Elle a le vizage oval, le tein bleime, le manton pointu, la bouche petitte, les levre bien façonné et bien vermeil, les dens bien arangé et d'une grande blancheure, le nez aquilain les yeux bleu et vif, les sourcis epeis, le rond elevé, les cheveus chatein clair et lons. Jajouterai quelle a la voix aigu, la taile efilé, la deimarche lante. Si je vous feisait lhistoire des erreures de lesprit humain, vous veiriez coment elles se sont succédé, comens elle ce sont amené les une les autres. Les cochez qui nous ont atendu, setait soulé dans le cabarait ou nous les avions laissé. Ces cochez sou nous ont embourbé en revenant. Mes sœurs sont rentré hier au soir toute triste, toute affligé, toute deizolé. Jai trouvé votre couzine bien changé. Elle est toute autre quelle netait avant son deipart. Plusieur personne sont venu pour me voir pandant que jetais sorti; et cepandant, a mon retours, les gens de la maizon mont assuré que personne netait venue me demandez.

## LX.

Votre mère est une des plus aimable persone que jai jamais connu. Coment avez vous pu oubliez la musique que je dezirais tant que vous maportaciez? Ma bone ami, a tu été hier a la campagne, come tu te letais proposé? Si tu y va encor la semeine procheine, vien me dir adieu avent que tu parte. Pour moi, je conte rester a Paris toute cete semeine cy. Jai rencontré hier ta seur mais elle avoit laire tres pressée. A paine a t'elle pu me dire bon jour en courant. Jai demandé a ma jeune parante ci elle était contente de sa nouvel pancion. Elle cest empressé de me reipondre : je le suis baucou. Je lui ai demandé encor : ete vous la favorite de la première maitresse? Je *la* suis, ma t'elle reipondu. Vous payez sandoute une pancion considerable daus cète maison? Je ne le sais pas, me dit elle; mais quelque soi cète pencion, je fait tout mes efors pour que largent de mes paran ne soi pas perdu : quant une jeune persone doit passer un sertin tems dans une maizon deducation ne vaut il pas mieux quelle si aplique a aquerire des conaissences qui lui seront util pour toute sa vie, que de perdre des anée preitieuze quon regreite toujour de navoir pas mieux employé?

LXI.

Les orateur et les poete ce sont disputé lhoneure de transmetre à la postéritée les fais glorieuz de *Henri* le Grant. La reine na du son salut qua la fermetée quelle a montré. Quel tandres emocions navons nous pas eprouvé, en nous retrouvans dans les lieu qui nous on vu naitre! Jai lu la lettre que vous avez ecrit a ma fille. Les fautes dortografe qua jy ai remarqué, prouve que vous lavez ecrit avec precipitation, et que vous ne lavez point relu. Votre mere, toute instruite quelle etait, relizait toujours ses lètres, quant elles les avait ecrit. Je vous engage a suivre tous les bons exemple quelle vous a laissé. Ces juge, malgrez les intrigue dont on les avait antouré, ne ce sont point ecarté du santiez de la justisse. Il ne ce sont point laissé seduir par les promesse quon leur a fait; il ne ce sont point laissé intimidez par la crinte des meaus dont on les a menacé. Nos troupe ce sont anparé de la sitadelle. La garnizon que les Anglais y avait mis en partant, a été passé au fil de lepée. Je vous ai donné les conceil que jai cru les plus propres a faire réucire l'entreprise que jai sçu que vous vouliez faire. Coment pourai je decrire cète suite de maleurs quune fauce deimarche a acumulé sur ma téte? La question que je metais proposé de traitez, ma paru dabort assez difficile; mais je lai degagé de tout les insident qui pouvait en être elagué, et je me flate de lavoir rezolu dune maniere satisfezante. Vos frere, quon a plaint de setre laissé trompez par deux intriguant quils aurait du fuire, ne sont pas a labri de tout reproche.

## LXII.

Quelque soit les humins, quelque sos quil puissent etre, il faut vivre avec eux. Les *Horaces* et les *Virgiles* serait moins rare, sil y avait plus d'*Augustes* et de *Mécènes*. Un rois disait : une courone ne coute pas chere, nest jamais trop cheire, quelqu'en soit le priz. Quelques bons que soit certains sujez, quelque trais interessens quils renferme, sils sont mal ecris, ont les lis peu, ou meme on ne les lis pas. Le pintre qui a fais ces deuz portrets, les a fais tres ressanblans. Tout ceuz a qui nous les avons fais voir, on reconu sur le chant les persone que lartiste a reprezenté. La reiputassion que lui ont valu ces deuz ouvrages, les premiez quil ait fais, contribura baucoup a lui assurez la fortune que nous lui avons fait espeirez depui lontens. Les servisses que vous mavez deja randu, me font espeirez que vous voudrez bien me randre encore les deuz nouvau service que je vous ai demandé. Les tablau que vous avez laissé anportez de chez moi, ne mapartenait point. Il mavait été confié par un ami qui les avais deipozé dans ma meizon avant que de partire pour lAmérique, et qui les a reiclamé depuis son retourt. Les lecture que vous avez fait pendant tout le court de liver derniez, on baucou servi a accroitre les conneissanses que vous avait deja procuré les deux cours que vous avez suivi dans les anée precedante. Les succeis que vous avez obtenu, vous encourageront sandoute a suivre une meitode que vous avez deja commansé a employez, et don vous avez retiré de ci grans avantage.

## LXIII.

Les dame que vous avez vu arivez ce matin ont été retardé par un deibordement de la Loire, qui les a ampeiché de passez, et leur a fais prandre un fors lon deitours pour venir ici. Les tribus que le vinqueur a inpozé aux peuple quil avait subjugué, ce sont acru chaque anée; et la condicion des maleureux vincu est devenu extreimement deiplorable. La carieire que vous avez parcouru, était semé de nonbreuz equeuile que vous avez sçu evitez. Combien dautre ne les aurais pas evité avec cette sagacitée que vous avez toujour montré dans toute les ocazion dificile. Les deux ecrivin dont je vous ai parlé, avait pris une matieire fort etandu; mais ils lon resserré dans de juste borne. Les alouète que vous maviez doné, je les ai laissé mourire de fin; jen avais doné deuz a ma sœur, qui les a laissé envolez; jen avais doné deux autres a ma tente, qui les a laissé tuez par son fils, Trois piesse nouvel ont été doné le meme jour, a trois téatre difeirans. Il ni en a qu'une qui ait été aplodi, qui ait réuci. Les deuz autre ont été siflé, sont tombé. Les auteur non pas meme eté demandé : quel mauvaise nuit ils on sans doute passé! Vos voizine se sont plaint ameirement de la conduite que vous avez tenu a leur égar. Tándis quelles essuyais vos larme, vous fesiez couler les leur; vous leur avez fais toute les paine que vous avez pu; vous avez cherché a leurs nuire de toute les manieire. Messieux, vous vous etes assez fatigué, reposé vous maintenant. Ces home ce sont nui les uns aux autres; il ce sont poursuivi avec un acharnement dont on a vu peu dexemple. Cette forteresse quon avait cru inexpugnable, a été pris en troiz jour par les armée françaises.

## LXIV.

La plupart des fleures etant chargé de parer la demeure de lhome, au moin pour un tems, elle ce garde bien de ci montrez toute de compagnie, ny dans les meme moiz. Elle sont de servisse auprez de lui tour a tour; elle conviennent entrelles pour embélir les diférente saizon, et ce succede sans laisser auqun vuide. Rarement ce plaint on de leur absanse quand elle sont de cartiez.

Les fleures, par cette succession, nous donent une magnifique feite compozé de decoracions qui ce suive dans un ordre reglé. Les primeverts, les perseneige, les violette, les jacinte, les oreille d'ours, les narsice, les anemonnes, nous done, pour ainci dire, le premier acte.

Celle la disparaisse, la plupart pour faire place aux courones imperiale, aux narcisse a bouqueis, au muguais, au lila, aux iris aux tulippe, au jonquilles, aux renonculs, et a toute les fleure qui couronnent à presens ce parterre. Dans le lointin, les arbres fruitiez melange les couleure les plus tendre avec la verdure naissante, et releive de toutes part la garniture du parteire.

Vous voyez en meme tems montez les feuliage des rozier, des lys, des julienne, des giroflée, de bouton dor, des pavos et des eu-liets. Leurs tiges et leur boutons ce fortifie par des acroissemens insancible. Cest la que ce font les preparatifs des parure de lété. Lautonne ensuite etalera les pyramidals, les balzamine, les tubeireuze double, les rein margueritte, les amarante, les euillets d'Ind e les colchique, les tricolors, et cent autres espesse.

La feite continut sans interrupcion : celui qui y préside ofre toujour du nouveau, et il prévient par dagreable changemens les degous inséparable de l'uniformitée. Lhiver ramenant les frimats et les brouliars, baisse enfin son noir ridau sur la nature, et nous en derobe le spectacle : mais, en nous fesant souhaitez le retourt de la verdure et des fleur, il procure quelque repos a la terre epuisé par tant de produxion.

(*Spectacle de la Nature.*)

## LXV.

Quelles eloges non pas obtenu les prinso qui se sont declaré les protecteur des ars et des siances! Les poete ce sont chargé de chantez leur gloire; les orateurs ont celebré leur vertus et leurs explois dans des discourts qui ont passé dage en age, et arrivront a la posteritée la plus reculé. Les historiens ón concigné leurs haut fais dans des annales destiné a en eternisez la memoire. Les jours que vous avez passé dans linaxion ou dens le plaisir sont des jour perdu que vous avez sans doute regreté plus d'une foi de navoir pas mieuz employé. C'est toujours avec un extreme chagrain que l'on reconait, mais trop tard, que les journée que lon a perdu ne revienne jamais. Combien ne contez-vous pas dheure que vous avez negligé de consacrer a votre instruxion, et qui aurait servi a accroitre vos conaissances ? — Rappellez vous les embleimes que les anciens ont employé, les images dont ils ce sont servi, pour représentez la marche du tems. La resolucion que jai sçu que vous aviez formé de passer cette saison toute entieire a la campagne, ne ma causé aucune surprise. Vous maviez fait par, dans le tems, des plantacion que vous avez resolu de faire à la faim de cette autonne, et javais preyu davanse la determination que vous mavez anonsé que vous avez pris. Vos amis a qui je lai communiqué ont ressenti une vrai peine de ce voir privé de vous pandant un ci long espasse de tems. On assure que, dans le derniez conbat, il y a eu quatre vint soldas de tué, quatre vint diz de blessé. Deux cens ont été areté qui desertait tout armé, tout équipé. Admiron ces pré emalié de toute sorte de fleure ; respirons le douz parfum qui sexhale de ces deuz haie vive tout recemment planté. C'est par le motife seul que sont anobli les actions, quelqu'elle soit. Nous avons deviné sur le chant lénigme que vous nous avez proposé. La soupe que nous avons mangé, nous a rassazié. Les bois que vous avez détruis, mavait paru fort bau. Les calomnie que jai eu a repoussez, ont été facilement détruite. Les dame que tu a vu danser, se sont brouilié, quoiquelle ce fusse juré une amitiée éternel. Elles ont violé la foi quelle setait juré.

## LXVI.

La premieire edition de cette ouvrage ces trouvé presque epuizé au bout dun an. Depuy sa publicacion, je nai qua me félicitez des témoiniages honorable damitiée que mont doné despersonnes de tout état et de tout seixe, dont la plupare me sont inconu. Les une sont venu me trouvez, et dautre mont ecri les lettre les plus touchante pour me remerciez de mon livre; comme si, en le donant au publique, je leurs avais randu quelque servisse particuliez. Plusieurs dentre elle mon prié de venir dans leur chataux habitez la campagne, ou jaimerais tant a vivre, mont elle dis. Jai reipondu de mon mieux a des ofre de servisse ci agreable, dont je nai accepté que la bienveilianse. La bienveilianse est la fleure de lamitié; et son parfun dure toujour, quand on la laisse sur sa tige sans la cueillir. Un athé est venu me voir plusieur foi, dune ville éloinié de Paris, frappé jusqua ladmiracion, ma til dit, des harmonis que j'ai indiqué dans les plante, et dont il a reconu lexistance dans la nature. Je ne dis point ceci par vanité, mais pour reconaitre de mon mieux les marques de bienveilianse quon ma doné. Jai corigé, dans cette nouvel edicion, les fautes dimpretion, de stil, de gout, et de bon sans, que jai remarqué dan la premieire, ou par moi meme, ou avec le secourt de quelque persones instruite, sans rien retranchez cependant du fon des chose, comme elles le dezirait. Je me suis permit seullement, pour les eclaircir, quelque transposicion de notes. Jy en ai ajouté quelques une dans la meme intencion, entre autres, dans l'expliquation des figure, une figure de géométrie, pour rendre sansible aux yeux lerreure de nos astronome sur lapplaticement de la terre, et de nouvel preuve du cour alternatif et semi annuel de l'Océan Atlantique, par la fonte des glace polaire.

## LXVII.

Notre voizine avait reçu hier l'extreim onxion. Elle setait mis ensuite a arrangé ses afaire. Les biens dont elle a dispozé sont immance. Elle sest vu mourir, elle sest vu etindre come une chandèle. Ses parans lont laissé expirer en paix. Mais aussitôt quelle a eu rendu lame, il ce sont jetté sur ses dépouille comme sur leur proye; et, aprez setre bien debattu, il ce les sont partagé toute déchirés. L'infortuné Tatia a vu deduir les illuzion quelle cetait formé; elle sest apperçu de la passion de Numa. Lucrèce setait fait des principes quelle na jamais violé. Quant elle cest vu dézonoré, elle s'est plongé un poiniart dans le saint, et cest donné la mort. Ses parans lon vu expirer a leur propres yeux. Il ce sont montré digne delle; il lont vangé. Lucien et ses deux frères ce sont retiré, je les ai vu partir, je les ai laissé partir, je les ai vu acompagner a quelque pas par leur sœur ainé qui setaié decidé a les suivre. Quant elle sest vu oblig de san revenir, elle a pleuré, elle cest trouvé mal. Buffon a dit : mon esprit et mon caacteire avait déja priz une tournure différante de celle que mavait doné ma triste educacion. Nous avons lus ces frazes dans les euvres de Florian : Quels femme jai vu, quel horreure elle mont inspiré pour leur sexe, ou plutôt pour leurs pareils ! quels onc bien merité les afrons quelles ont essuyé! On nous a dis quelle sen était plainte dabort, mais quelle setait tu, quant elle ce sont vu blamé par leur voizins et leur parans meme. Mes oncle setait fait dix mil frans de rante; et ces dix mil frans de rante quil setait fait il ce les sont vu enlever par deux fripon qui ce sont fais riche a leur depans. On a decouver deuz voleur, et on les a areité. Je les ai vu areiter, il ni a quun instant, et je les ai vu conduir a la preifecture de polisse. On les avait vu roder autour dune maison, quil cetait propozé de piliez. Ils ont manqué leur cou, et on ne les a pas manqué. Il se sont senti saizir au moment quils si était le moinz atandu. Il ce sont parlé; je les ai entendu ce parlez; mais bientot je les ai vu separer par deuz gendarme.

## LXVIII.

Emilie fremi de la propozition qui venait de lui etre fait. Mil crinte vague, senblables a celles qui toute la nuit l'avait agité, lui perseire le cœur a la foi. Le soupson que sa tante ne vivait plus, ce reunit en elle aux crinte personel quelle avait eprouvé depuis plusieur jour. Elle ce rapellait les paroles qui lavait informé de ses drois a léritage de sa tante dans le caz ou cette tante mourerait sans livrer ses biens a son epouz. Les premiez refuz de la tente nindiquait point quelle ce fut dessaizi de son éritage. La pitiée pour sa tante, linquieitude pour elle meme, changeait tour a tour ses idé, et la nuit vint avant quelle eut pris un parti. Elle entendi lorloge fraper onze heure, fraper minuy. Le chatau était dans le calme. Elle sorti de sa chanbre. Abusé par les ombre prolongé des colonne, et par les renvoi de la lumiere, elle saraitait souvent. Elle ce trouva anfin à l'extreimitée de la gallerie, sans que personne leut deirangé. Aprez avoir traversé la terasce, Emilie tourna les yeuz vers la porte par laquel elle était sorti; et, remarquant les rayon de la lampe a travert letroite ouverture, elle fut serteine qu'Annette ne lavait point quité Emilie contenplait avec efroit ces murs garni d'une mousse verdatre, et qui navait plus de voutte a soutenire. Elle voyait ces feneitre gotique dont le lieire et la brione avait lontems supléé les vitraulx. Leur guirlandes enlacé sentremelait mintenant aux chapiaux brizé, qui autrefois avait soutenu la voutte.

## LXIX.

De lescaliez, Emilie et Bernardin ganierent un passage qui conduizait au souteirin. Les paroiz en etait couverte dune umiditée eccessive. Les vapeure qui sélevait de terre obscurcissait a telle point le flambau, qua tout momant Emilie croyait le voir etindre. A mesure quils avansait, les vapeure devenait plus epaice; et Bernardin, croyant que sa torche alait seiteindre, sareita un moment pour la ranimez. Pendant ce repos, Emilie, à la lueure incerteine du flanbau, vit prez delle une double grille, et plus loin, sous la voutte, plusieur monsaux de terre, qui paraissait entourer un tonbau ouvert. Un tel objet, dans un tel lieu, leut en tout tems violament afecté; mais, en se moment, elle eut le pressentimens subi que ce tonbau etait seluy de sa tente, et que le perfide Bernardin la menait aussi a la mort. Le lieu obscure et teirrible dans lequel il lavait conduit, senblait justifiez sa pencée. Il senblait tout propre au crime, et l'on pouvait y consomer un assacinas sans quaucun indisse pu le faire decouvrire. Emilie, vaincu par a terreure, ne sçavait à quoy ce reizoudre. Elle songeait que veinement elle essairait de fuire Bernardin. La longueure, les detourt du chemain, ne lui permetait pas de sechaper sans guide, et sa faiblesse dalieur ne lui permetait pas de courir. Pale d'orreur et d'inquiétude, elle atendait que Bernardin eut disposé sa torche; et, comme sa vue toujour se reportait sur le tonbau, elle ne put sempêchez de lui demander pour qui il etait preparé. Mais lhomme, secouant sa torche, passa outre sans lui repondre. Elle marcha en tremblant jusqua de nouvau degrez, quil monteire. Une porte en haut les introduisis dans la premiere coure du chatau.

## LXX.

Pendant qu'Emilie et Bernardin traversait la coure du chataut, la lumieire laissait voir ses haute et noir muraille tapiscé de verdur et de longues herbe umide qui trouvait leur substanse sur des pieres toute usé. Par interval, de pezantes arcade, fermé de grilles etroites, laissait circulez lair, et montrait le chataux, dont les tourels entacé fesait oposicion aux toures enormes du portaille. Dans le tablau, la figure epaice et diforme de Bernardin, ecleiré par son flanbau, fesait un objez remarquable. Bernardin etait anvlopé dun lon mantau gri : a peine decouvrait-on au dessous ses demies bottes, qui était lacé sur ses janbe, ou passait la pointe du large sabre quil portait constanment en bandoulierre. Sur sa tete etait un bonet plat de velour noire, surmonté dune courte plume. Ses trais fortemens dessiné indiquait un esprit adroit et sournoy : on voyait sur sa figure samprinte dune umeure dificile et dun mecontentement abituel. La vue de la coure neanmoin ranima le chœur d'Emilie : elle la traversa en cilance; et, setant aproché du portail, elle comensa a esperez que ses propre crinte, et non la trahison de Bernardin, avoit réuci à la trompez. Elle regarda avec inquietude la premiere fenetre au dessus de la voutte : elle était sombre, et Emilie demanda si elle tenait a la chambre ou etait sa tante. Elle parlait bas, et peut etre Bernardin ne lavait il pas entendu; car il ne fit aucune reponse. Ils entreire dans le batiment, et ce virent au piez de lescaliez dune des toures. Le vent, qui a se moment souflait par les profonde cavitées des murailles, auguementa la flâme de la torche. Emilie en vit mieux lafreuze figure de Bernardin, la tristesse du lieu ou elle etait, des muraille de pierre brutte, un escaliez tournant noirsi de vetustée, et quelques reste dantiques armures qui semblait le trofée de quelque ancienne vic toire.

## LXXI.

Lorsqu'il furent parvenu au paliez, Bernardin mit une clez dans la seirure dune chanbre, et y fit entrer Emilie. Je vais, lui dit il, avertir votre tente, que vous etes arivé. Emilie, toute interdite, noza point reisister. Mais, come il anportait la torche, elle le pria de ne point la laissez dans cet obscuritée. Il regarda autour de lui; et, remarquant une triple lanpe posé au dessu de lescaliez, il laluma et la dona a Emilie. Celle ci ecouta atantivement, et cru quau lieu de monter, il dessendait lescaliez. Mais les tourbilion de vent qui scngoufrait sous le portail ne lui permeitait pas de bien disteinguer aucun son. Elie s'aprocha doussement de la porte, et quant elle esseya de louvrir, elle sapperçut quelle etait fermé. Toute les crintes qui lavoit déja acablé, revinre la fraper avec une nouvele violanse : elle ne lui parure plus une erreure de limagination, mais un averticement du destin quelle allait subire. Elle neut plus aucun doute que sa tente neut été immolé, et ne leut eté peut etre en cette meme chanbre ou on lavait amené elle meme dans un semblable dessin. S'étant aproché dune feneitre grillé qui donnait sur la premieire cour, elle entendi des acsans qui se meilait avec le murmure du vent, et qui ce perda. ci vitte quon ne pouvait en saisire un seul A la lueure d'üne torche qui senblait être sous le portail, elle vit sur le pavé lombre allongé dun homme, qui, sans doute, était sous la voutte. Emilie, a cet ombre colossal, conclud que cetait Bernardin; mais d'autre sons aporté par les vens, la convinquire quil ne ci trouvait pas seul. Elle prit la lampe pour examiner la possibilitée de fuire. La chanbre étoit spacieuze, et les murs recouvers dune boizerie en cheine ne souvrait qua la feneitre grilié, et a la porte par laquelle Emilie etait entré; les faible rayons de la lampe ne lui permetait point den bien jugez leitendu.

## LXXII.

Dioclétien consentit a remettre la chose au conseille, afin de ce dechargé de la haine de cette resolucion sur ceux qui lavait conseilié. Tout homme dont la conduite est noble, les santimans elevé et geneireux, qui ne dessent jamais a des bassesse, qui garde au font du cœur une legitime indépandanse, me semble respectable, quelque soit dalieur ses opinion. Les plus grans home que l'église ai produis, ont presque tout paru entre la faim du troizième siècle et le comansement du quatrième. Jai trouvé, dans les auteurs que jai consulté, des chose geneiralement inconu et dont jai fait mon profi. Quellequefois, en peiniant un personage de lepoque que jai choisi, jai fait entrez dans ma pinture, un mot, une pensée, tiré des ecris de se même personage : non que se mot et cette pensée fusse digne detre cité comme un modelle de bauté ou de gout, mais parce quil fixe les tems et les caractere. Les dépouilmens que jai fais de divers auteur, sont ci considérable, que, pour les seul livre des Francs et des Gaules, jai rassemblé les mateiriaus de deux gros volumes. Jai comansé mes course aux ruine de Sparte, et je ne les ai fini quau ruines de Carthage. L'église du Saint-Sépulcre, la Voie douloureuse, sont tel que je les ai represanté. Je ne prendrai aucun parti dans une question ci lontems débatu; je me contenterai de raportez les autoritées. Boileau, qui juge le Télémaque avec une rigueure que la posteritée na point sanctioné, le conpare a l'Odyssée, et apelle Fenélon un poete. Voltaire et La Harpe ont declaré quil ni avait point de poeme en prose : ils était fatigué et dégouté par les imitacion que lon avait faite du Télémaque. La prose poetique et mesuré du Télémaque est singulierement harmonieuze, et elle donne au stile presque autant delevacion que la langue française peut en suporter, même en vers.

## LXXIII.

Les oisau que jai vu senvolez sont venu se perchez sur un arbre de notre jardin. Les enfans du jardinier les ont appersu, et ce sont avizé de montez sur larbre. Ils s'était imaginé quil pourait atraper ces oisau. Mais les oisau ne ce sont pas laissé prendre, et a peine les enfans était arrivé au piez de larbre que les oiseau se sont envolé. La servante qui les a laissé partire, a essuyé de vif reproche, quelle n'avait que trot mérité. La porte de la cage, quelle avait oublié de fermez, avait ofert aux oisau captiffes une occazion de partir, quil non pas laissé échapez. De tout les oisau que nous nous etions plu a rassenbler a la maison, il ne nous en est resté que deux couple que nous avons speicialement recomandé à la domestique, et que nous nous somes proposés de soigniez nous meme avet tout le zele dont nous somes capable. Quelle que couvée heureuses sufiront pour repeuplez notre volierre. Quelque vifs regrez que nous eprouvions, quelque soit nos chagreins en se moment, lesperance de la pronte reproduction de ces oiseau qui ont toujours fais nos plus cher delisse, nous consolle, et rand nos peine plus suportable. Les deux jeunes personnes que vous avez vu arrivez chez nous, etait dans un etat afreuz. Elle ont été poursuivi par des bandis. En fuyant, elle ce sont laissé tombez. Elle ce sont relevé, ayant la figure toute meurtri, toute écorché ; les bras, les jambes toute ensanglanté. Lune de ces deux fille a les yeux bleu et des sourcis chateins clairs ; lautre a les cheveuz et les sourcis chatein. Andromaque dit :

Je me suis quelquefois consolé
Qu'ici pluto qu'ailleurs le sort m'eut exilé

(RACINE).

## LXXIV.

J'ai lû toute la Callipédie, et je l'ai admiré. Il me semble quon ne peuz faire de plus baux vers latin. Balzac dirait qu'ils sente tout a fait lanciène Rome et la cour d'Auguste, et que le cardinal Duperron les aurait lu de bon chœur. Je ne sai si vous avez connaissance de quelque lettres qui font un grand bruix. Elles sont de M. le cardinal de Retz je les ai vu, mais en des main dont je ne pouvais les tirez. L'ode a été montré a M. Chapelain. Il a marqué quelque changement a faire; je les ai fais. M. Chapelain a donc reçu l'ode avec la plus grande bontée du monde. Tout malade quil etait, il la retenu troiz jour, et a fait des remarque par écrit, que jai fort bien suivi. M. Perrault ma dit aussi de fort bonne chose, qu'il a meme mise par écrit, et que jai encor toute suivi, a une ou deuz prez, ou je ne suiverais pa Apollon lui meme. *L'ode est fort bel*, a dit Chapelain, *fort poetique*, *et il y a beaucoup de stanse qui ne peuvent etre mieuz. Si lon repasse le peu dendrois que jai marqué, on en fera une fort bèle piece.* Ce quil y a eu de plus considérable a changer, ça eté une stanse entiere, qui est celle des Tritons. Il ces trouvé que les Tritons navait jamais logé dans les fleuve, mais seulment dans la mer. Je les ai souhaité bien des foiz noyé tout tant quil sont, pour la peine quil mont donné. Vous vous atendez, peut etre que je m'en vais vous dire que je mennuye baucoup a Babylone, et que je vous doi recitez les lamantacion que Jérémie y a autrefoiz composé. Mais je ne veuz vous faire aucune pitiée puisque vous nen avez pas déja eu pour moi; je veuz vous braver, au contraire, et vous montrer que je passe fort bien mon tems. Vos lettre sont mintenant clair-semé, et cest baucoup den recevoir une en deuz mois. jetais très en peine de se changement, et, enrageais de voir qu'une si belle amitiée ce fut ainsi evanoui, lorsque heureuzement votre lettre mest venu tirez de toute ces inquietude, et ma apprit que la raison pourquoi vous ne mécriviez pas, cest que mes lettres etait trop belle. Qua celà ne tiène, monsieur, il me sera fort aisé d'y remédiez : et il mest si naturel de faire de méchante lettres, que jespere, avec la grace de Dieu, venir a bout de nen faire pas de trop belle; vous naurez pas sujèz de vous plaindre a lavenir, et jatens dès a present des reponce par tout les ordinaire. Mais parlons plus serieuzement, avouez que, tout au contreire, vous croyez les votre trop bèles pour etre si facilment comuniqué a de pauvre provinciaux comme nous.

## LXXV.

Jai conciderè lébauche de ce poeme come un arbre vigoureuz et toufus, dont il y avait a retranchez bien des branches infructueuze;

et , sans le talier au cizeau, jai cru quil falait l'emondez. Ainci, quoique mon stile soit moin serré, mon reci sera plus rapide. Il le serait d'avantage, si javais ozé men croire; mais (pour suivre la comparaizon qui ma servi de regle) jai mieuz aimé quon me reprocha davoir laissé des ramauz superflux, que davoir coupé des ramauz utils. Voilà mon excuze pour les detailles quon poura trouver un peu lons. A l'égart de la poesie de stile, toute les foiz quelle a contribué a l'effet du tableau, je lai conservé avec soin; mais lorsquelle ma paru nuire a la forse ou a la chaleure, je lai reduit a lexpression simple, Quelque fois lauteur est obscure par un eccès de precizion, et souvant aussi la langue latine a un vague qui laisse a lesprit le soin de decider ou dachever le sens : alors pour dévlopper ou mieux déterminez la pensée, jai mieux aimé allonger le texte, que de le comanter en nottes. Celles que jai mis au bas des pages, ont pour objez d'éparnier au lecteur la peine que je me suis doné de verifier les fais et d'eclercir quelque détailles. Enfin, pour supleer a la faiblèce de ma vercion, ja cru devoir doner aprez chaque livre, non seulment les plus baus morsaux du poeme, mais aussi les endroits qui ont passé mes forses, et que je nai pu rendre a mon gré. Je sens quel est pour moi le desavantage de ne laissez voir que les baus coté de l'originale, en citant les morsaux épineuz ou sterils, je me serais mieuz fais valoire.

## LXXVI.

Quel est la cause qui entreine le peuplé Romain aux conbas, et qui chasse la paix de la terre? L'envieuze fatalitée; l'arrêt porté par le destain, que rien d'elevé ne soit stable, la chutte qu'entreine un trop pezant fardaut Rome que sa grandeure acable.

Ainsi, lorsque les siecles accumulé ameneront linstant de la dissolucion du monde, tout les ressors de la nature ce briseron, tout rentrera dans l'ansien caos : les astres confondu se heurteront ensemble, la mer engloutlira les etoilles, la terre refuzera d'embracer la mer, et la chassera de son lit; l'ébranlment universel de la machine en detruira lordre et lacord.

L'excessive grandeure s'écroulle sur elle meme : cest le terme que les dieuz ont mis a nos prosperitées; la fortune na voulu confier a aucune nation le soin de sa haine contre les Romains. Cest toi, Rome, cest toi quelle a rendu, sous troiz tyran, linstrument de la ruine; c'est leur concorde impie et fatalle qui la perdu. — Laissez nous la, cruels, cette paix qui nouz a tant couté. Pourquoi la troublez? Pourquoi courire aux armes et vous arrachez les depouille de lunivers en but à vos cous?

Non, tant que la terre contiendra la mer, que lair balancera la terre, que les astres roulleront au ciel, il ni aura jamais de sinceire acort dans le partaje du ran supreime. Lautoritée ne veux point de compagne. Nen cherchon point les exemples loing de nous; le fondateur de ces mur les soulia du sang de son freire. Et ce netoit pas lempire du monde quon ce disputoit avec tant de fureure : un hamau divisa ses maître.

On vit quelque temps subsister entre Pompée et César une paix simulé et contrinte. Crassus, au milieu de ces deux rivauz, tenoit la guerre comme en suspend.

## LXXVII.

Si le senat romain neut rejetté que des demendes excessive, injuste, nuisibles à l'Etat, sa fermeté meriteroit les eloges quon lui a donné. Mais quels etoit les prétancions du peuple? Qu'on retrancha de ses deites l'uzure qui le devoroit, et qu'on lui donnat, pour subsister avec ses enfans et ses femme, une portion des terre qu'il avoit conquis et arrosé de son sang. Voila les sourses intarissable de tout les trouble elevé dans Rome entre les pauvres et les riche, entre le peuple et le senat.

Pour santir toute la durté du sénat dans le refus constant de ces demende, il faut se rappeler qu'a Rome, dans les premiez tems, les incurtions fréquante des ennemi sur les terre de la République, et l'interuption de la culture, occasionnée par des guerres continuels, ruinait le peuple, et rendaient les debitteurs insolvable ; que livré come des esclaves au pouvoir des créansiez, ils etaient detenu dans d'étroite prizons, et réduis a un etat cents fois pire que la servitude ; que dun autre coté le peuple navait dautre metiez que la guerre et l'agriculture ; que les riches, s'étant emparé peu a peu de toute les terre de la République, et les fesant cultivez par leurs esclave, a l'excluzion des homes libre, le peuple de la ville et des campagne ce trouva n'avoir pas meme pendant la paix la ressource de son travaille. C'était lui faire une nécessitée d'etre sans cesse sous les arme. Mais la guerre est un état violant qui demande au moin du relache, et ce peuple qui, n'alait aux combas que librement et par honneur, sentait fort bien quil avait le droit de vivre en paix du fruit de ses victoires

Dans un moment de dizette, les consuls avait fait venire des bleds acheté a vile prix. Les patriciens les plus sencés voulait qu'on les vendit de meme au peuple; mais Coriolan, irité du refuz que le peuple avait fait de sanroler et de le suivre, prétendit quil falait maintenire la chereté, de peure de paraître flater la multitude. Cette opinion prevalu.

Crassus, pour se consilier la faveure des plebeiens, demanda pour eux au senat le partage des terres nouvelment conquise, et de celles qui, appartenans de droit a la Republique, avait été usurpé par la noblesse. L'intention du consul pouvait etre mauvaise; mais sa demande ce reduisait a ce que le peuple eut du pain. Le senat fit senblant d'acceptez cette loi; mais celui qui lavait proposé, fut condamné, après son consulat, a etre précipité du roc Tarpéien, et l'arrêt fût éxecuté mieuz que la loi qui en etait la cause.

## LXXVIII.

Rémus, voyant son frere Romulus arriver aux enferts, lui dit: Enfin, vous voila, mon frere, au même etat que moy : cela ne valait pas la paine de me faire mourire. Les quelques anée pendant lesquel vous avez regné seul, son fini, il nen reste rien; et vous les auriez passé plus doussement, si vous avier vecu en paiz, partajant lautoritée avec moy. Romulus répont : Si javais eu cète modéracion, je naurais, ni fondé la puissante ville que jai établi, ni fais les conquette qui mont immortalizé. Rémus reprent : Il vallait mieux etre moinz puissant, et etre plus juste et plus vertueuz. Mon sang dans lequelle vous avez tranpé vos main fera vôtre condamnacion icy bas, et noircira à jamais votre reputacion sur la terre. Vous vouliez de lautoritée et de la gloire; lautoritée n'a fait que passez dans vos main; elle vous a échapé come un sonje. Pour la gloirre, vous ne laurez jamaiz. Avans que d'etre grand homme, il faut etre honête home, et on doit s'abstenire des crimes indigne des hommes, avant que d'aspirer aux vertues des dieu. Vous aviez lhumanitée d'un monstre, et vous prétendiez etre un hero.

Tatius, voyant ariver aux enferts son ancien collegue Romulus, lui parle aincy : Je suis arrivé dans ces lieuz un peu plutot que toy. Mais enfin nous y some tout deuz, et tu nest pas plus avancé que moy dans tez afaire. Romulus lui repont : la différance est grande ; j'ai la gloirre davoir fondé une ville eternèle avec un empire qui naura dautre bornes que celle de lunivert ; jai vaincu les peuple voizin ; j'ai formé une nacion invincible dune foulle de criminels refugié. Tatius replique : ta ville durera tant qu'il plaira aux dieuz, mais elle est elevé sur de mauvaiz fondemans. Pour ton enpire, il pourra aisement sétandre ; car tu na apris à tes citoyen qua uzurper le bien dautruy. Ils ont grant besoin detre gouverné par un roi plus modéré et plus juste que toy. Romulus dit : tu me soupsone de tavoir fait tuer. Quant je lauroit fait, jaurois suivi en cela lexemple de mauvaise foy que tu mavois donné en tronpant cète peauvre fille qu'on nomoit Tarpeïa. Tu voulu quelle te laissa monter avec tes troupe pour surprendre la roche qui fut de son nom appelé Tarpéienne. Tu lui avoit promi de lui donez se que les Sabins portoit à la main gauche ; elle croyoit avoire les bracelets de grant priz quelle avoit vu. On lui donna tous les bouçliez dont on l'acabla sur le champ.

## LXXIX.

Voila les ennemis que mon frere a eu a combattre ; il les a compleitement vincu, et vous les avez vu se jetter a ses piez, pour lui demandez leur grace, quil leur a aussitôt accordé, mais quils navait cepandant point merité d'obtenire. Les home que la reine a envoyé cherchez, ont paru se matin en sa preizance on assure quelle a fronsé le soursi, quand elle les a vu paraître. Elle leur a adressé diverces questions, et les réponce quils y ont faite ont obtenu laprobacion de tous ceus qui les ont entendu. La reine elle meme sest montré plus favorablement disposé a leur égart, lorsquil ce sont retiré. On nous a aporté les six bouteille de kirschwasser que nous avions envoyé cherchez. Nous les avons ouvert aussitot, et nous avons reconnu sur le chant que le marchant qui nous les avait vandu, nous avait trompé. Les bouteille ne contenait que de lau au lieu de la liqueur que nous nous étions atandu a y trouvez. Nous les avon fais reportez par la meme personne que nons avions envoyé les cherchez. Nous nous somes plains au commisseire de police de la fourberie du marchand qui nous avait ci indignement tronpé, et nous avons demandé quon le condamna sans pitié a payer lamande quil a encouru. Le tribunale de police nous a randu la justisse que nous avions demandés et le frippon a été condamné a deuz mil franc damande. Les gentizomes que lon a envoyé félicitez la princesse sur son mariage, en on recu un acueil distingué. Les présans quelle leur a fait sont d'un grant priz. Les feite quils ont passé a la coure, avôit atiré un concourt prodigieux de monde. Ces feite surpassait en magnificense toute celles que lon a doné jusqua present dans les autres coures de l'Europe. La description que les envoyé nous en ont fait, nous a charmé, ravi. Ma fille cest avisé ce matin de vouloir marcher avec des pateins. Je lai engagé a ne point tanter cette entreprise; parcequelle pourait lui devenir funeste. Elle na tenu aucun conte des conseils que je lui avait doné; et pendant que jetais sorti, elle cest promené avec ses patein sur le boulvard. Ses premiez essai lui ont réuci, mais peu de temps aprez, elle cest laissé tombez, et elle est rentré a la maison dans un état afreuz.

## LXXX.

Nous nous somes entendu faire des reproche que nous navions pas merité quon nous fit. Les tors que nous nous somes entendu treprochez, nous ne nous en étions aucunement rendu coupable. Nous ne nous some point entendu avec les gens que lon nous acuse davoir seduis. Nous avons toujours regardé ces gens la come de mechante gens, et nous les avons fui avec soin. Les mechante gens sont trot dangereuz a fréquantez. Cessez donc de nous imputez des tors que nous navons jamais eu a nous reprochez, et que vous nous avez reproché trot legeirement. Conbien dhistoire de revenans ne nous somes nous pas entendu racontez dans notre enfanse? Nos nourisse, nos bones, ce sont amusez a nous debitez tout ces conte quelles avait reçu elle meme de leurs grand'mère. Messieurs, quelle que bones raisons que nous vous ayons allegué, vous avez refusé de les entendre, vous ne les avez point écouté, nous ne combaterons pas plus lontems les projez dont vous vous êtes enteté. Nous vous avons doné tous les conseil que nous avons du; puissiez vous ne vous repentire jamais de ne les avoir point suivi! Les deuz serein que vous avez entendu chantez ont été elevé par ma niesse, qui s'est amusé a nourir ces deux oisau, et les a instruis avec la serineite que vous avez eu la compleizanse de lui pretez. Elle vous remercira elle même de vos bonté, lorsquelle sera revenu de la campagne ou elle est allé passer quelque jour. Cest daprez le conseil de notre medecin que je lai envoyé passer quelque tems a la campagne, parce que depuy plusieur moi sa santée sest trouvé derangé.

Le jeune prinse vouloit reparer les desastre ainqualculable que sept an de guère avoit ocasionné. Mais la destruxion ravaje avec la rapidité dun torran qui a forsé ses digne ; et la nature, mere prudante et econome, n'accorde ses bienfets que lantement, et a raison de la constense quon met a les solliciter. Deja lhabitant de ces contré lontems abandoné, étoit rantré dans ses foyez pésibles et solitaire ; mais la flame avoit devoré les tois de chôme qui labritoit autre fois contre lintemperis des saizon. Assis sur le tron dun vieux chene planté par un de ses ansetre, et dons le feuliage protecteur avoit ombragé les jeu de son enfanse, il pleuroit mintenan ; ses yeux atrisé se prommenoit autour de lui, et ne decouvroit que des ronce ou jadis il avoit recueilli des moiçons si abondante ; sa voix altéré apelloit ses fils ; et ses fils ne répondoit point. Elevant les main et les yeux vers le ciel, il sabandone a la Providanse, et reprend avec un couraje qu'il nosoit esperer de lui meme les instrument honorable avec lesquel ses bras, lontems fatigué du pois des armes, doive desormais déchirer et fertilizer le sain de la terre.

## LXXXI.

Vos tente se sont laissé ébranlez par les menasse qu'on leurs a faite. On les a menacé de leur intanter un procez ruineuz, si elle nacceptoit point les acomodemens quon leur avoit propozé. Elles ce sont reisinié aux sacrifisse quon avait veinement exigé delle depuy huits mois. Si ma femme navait pas été obligé de faire un lon voyage, et quelle fut resté auprez de ces deuz dame, qui sont ses ami, elle aurait soutenu leur courage, et ces dame ne ce serait pas laissé aller ci facilment. Vos enfans setait bien conduis pandant cette soirée; pourquoi les avez vous envoyé se coucher de si bonheur? Cette femme cest permis de malignes aluzion que je ne laurait jamais soupsoné de faire, si je ne les avois entandu de mes propres oreille. Les divers colaborateur ce sont partagé les somes que le ministre leur avait aloué. Des disputte setoit dabort elevé pour ce partage; mais mon frere et moi nous nous some proposé pour mediateur, et la querelle sest prontement terminé. Les juge se sont partagé dans cette afaire; le president ne les a ramené quavec peine a son sentiment. Les deux geneirauz se sont ataqué avec une violanse extreme, et ils ce sont fait un mal horrible. La dizette de vivre les a forsé a conclure une treve quils nont observé que quelque mois. Les sos ce sont toujours laissé alleicher par les intrigant qui se sont doné la peine de leur tandre des piege. Les frippon que tu as vu areitez ce sont echapé. Les perte que javais prévu que je ferais, ne ce sont que trot realizé. Quels somes ne ma point couté la confianse que javais mis en des persones que lontemps jai cru honeite? Les veu de voz ansiens ami sont il rempli? ont il obtenu les emplois quon les a vu sollicitez ci ardemment?

## LXXXII.

Quinze an setait ecoulé depuy la dedicasse du temple. La fille du gran preitre croissait sous ses yeux, come un jeune olıviez quun jardiniez eleve avec soin au bort dune fonteine, et qui est lamour de la terre et du ciel. Rien naurait troublé la joye du grant pretre, s'il avait pu trouvez pour sa fille un épouz qui leut traité avec toute sorte dégars, aprez lavoir enmené dans une maison plaine de richesse. Mais lamour que cette jeune vierge avait eu le maleur dinspirer a un proconsul d'Achaïe, avait eloinié delle tout les amant vertueuz qui ce serait présanté pour devenir les gendre du grand pretre. La jeune fille avait supplié son pere de ne point la livrer a se Romain inpie dont les seul regars la fesait freimire. Le pere avait cedé au prieres de sa fille. Le barbare, soupsoné de plusieur crime avait deja eu une premieire épouze quil avait preicipité dans le tonbau par ses traitemens inumins. Pour deirobez sa fille aux poursuitte du proconsul, le pere lavait consacré aux Muses. Il lavait instruite de tout les usage des sacrifices; il lui avait montré a choisire la genice sans tache, a coupez le poil sur le frond des taurau, a le jettez dans le feu, a reipandre lorge sacré; il lui avait apri surtout a touchez la lire, charme des infortuné mortels. Souvent assiz avec cète fille cheri, ils chantait quelque morsaux choisis de l'Iliade et de l'Odyssée, la tendrèce d'Andromaque, la sagesse de Pénélope, la modesti de Nausicaa; ils disait les maus qui sont le partage des enfans de la terre, Agamemnon sacrifié par son epouze, Ulysse demandant lomone a la porte de son palais; ils latendrissaient sur le sor de celui qui meure loing de sa patrie, sans avoir revu la fumé de ses foyez paterneles. Nouri des plu bau souvenire de lantiquitée, dans la docte familiaritée des Muses, la jeune fille dévlopait chaque jours de nouveaux charme.

## LXXXIII.

*Anne Thérèse de Marguenat de Courcelles*, marquise de *Lambert*, nacquit a Paris dun maitre des compte. Elle perdi son père a lage de troiz an. Sa mere aipousa en seconde nôces le facil et ingénieuz *Bachaumont*, qui ce fit un devoir et un amuzemant de quultiver les heureuze dispauzicion quil deicouvris dans sa belle fille. Cet émable enfant sacoutuma des lors a faire de petis extrais de ses lecture. Elle ce forma peu a peu un treizort littairère propre a assésoner ses plézirs, et a la consolez dans ces paines.

Après la mort de son mari, *Henri de Lambert*, marquis de Saint-Bris, quelle avait aipouzé en 1666, et quelle pairdit en 1686, elle essuya de lons et cruelles proceis, ou il sagissait de toute sa fortune. Elle les conduizit et les termina avec toute la capacitée dune persone qui naurait point eu dautre talent. Libre enfin et métresse dun bien concideirable quelle avait praisque conqui, elle etabli dans Paris une meizon ou il était honorable d'etre reçu : cetait la seulle, a un petit nombre d'excepsions prez, qui se fut preizervé de la maladie epydeimique du jeu, et ou lon ce rassembla pour parler rézonablement. Auci les gens frivol lansoit, quand il pouvoit, quelque trais malain contre la mézon de madame de *Lambert*, qui, très délicatte sur les discourts et sur lopinion du publique, crainioit quelle que fois de donner trop a son gout. Elle avoit le soing de ce rassurer, et fésait reflaiction que dans cette meme mézon, si acusé d'esprit, elle fesoit une depanse très noble, et recevoit beaucoup plus de monde de condicion que de gens illustre dans les lètres. Les calités de lame surpassoit encore en elle les calités de lesprit. Elle etait né courageuse, peu susceptible docune crinte, si ce netait sur la gloire; incapable detre areité par les obtacle dans une entreprize neiceissère ou veirtueuze..

## LXXXIV.

Des voleurs nous ont ataque pandant la nuit; nous nous somes laissé dépouillez sans reisistanse. La reisistance que nous aurions voulu oposez, nous serait devenu fatalle. Car les voleur ce sont presanté en grand nombre et compleitement armé. Avez vous vu la pandulle que jai acheté? Toute les persone qui lont vu, lont trouvé tres bèle et tres riche. Elle sone les heurs et les demis, et marque les canthiemes. Tout le monde trouve que je ne lai pas payé chère. Vos cheveu que vous avez fais coupez plusieurz foiz, et que vous avez laissé croître ansuite, sont devenu en peu de tems tres lons et tres epaix. Quels que libels quon ait publié contre cette femme, lhonneur de son seixe, elle les a meiprizé. Quelles que nombreuze quait été les injures dont on la accablé, elle ne sen est point mis en peine. Quelles quait été les calomnis quon a débité contre elle, elle sest tu, et a dedeignié de repoucez des trais quelle a jugé propre a attirez loprobre sur ceux qui les lansait, plutot que sur elle meme. La petitte Angéla sétait obstiné a ne se point coucher avant sa mere; nous lavons laissé rester avec nous une partie de la soiré; mais bientot elle a sucombé au someil; nous lavons porté toute endormi dans son lit, sans quelle sen soit appersu, sans quelle ce soit reivélié. Les musicien qui sont venu soupez mercredy derniez avec nous, ce sont montré fort aimable. Nous les avons entendu chantez les chanson les plus gai quon ai jamais entendu chantez. Ces juge, quelquils soit, niront pas declarer solemnèlement quune jeune prainsèce a été mal elevé. Tant que les Suisses ont vécu renfermé dans leurs montagne, il ce sont sufi a eux meme. Mais, lorsquils ont commansé a comuniquer avec dautre nacion, ils ont pris gout a leur maniere de vivre, et ont voulu l'imiter. Ils ce sont appersu que largent etait une bonne chose, et ils ont voulu en avoir. Sans productions et sans industrie pour lattirer, ils ce sont mis en commerce eux meme, ils ce sont vendu en détail aux puissances. Leur première aliénation de troupes les ont forcé den faire de plus grande, et de continuer toujours. Aprez quils ont eu bien dejeuné, et quils ont été rassazié de plusieur tranche dun excelant jambon de Mayence, nous les avons vu se levez precipitament de table, doù ils se sont randu chez un notaire pour signez quelque contras quils avait passé. Nous les avons vu rentrez; ils ont demandez un bol de punche, et quelque verre de rum quils ont bus. Il ce sont couché ensuite, et ont fort bien dormi. Ces deux homes ce sont colté, cest a dire, se sont pris au colet : il ce sont meurtri le visage a cous de poins; il ce sont dechiré leurs habis quils ont envoyé racomodez.

## LXXXV.

Je presume, Madame, que vous voila heureusemant arrivé a Paris, et peut etre deja lancé dans le tourbilion de ces plaisirs bruyant dont vous pressantez le vide, et que vous

vous etes proposé neanmoins de cherchez Je ne crains point que, daprez lépreuve que vous avez rezolu d'en faire, vous les trouviez plus substentiel que vous ne les avez estimé. Mais si vous en aviez une fois contracté lhabitude, ils deviendroit pour vous des bezoins que vous seriez obligé de satisfaire. Songez dans quel état cruel cela vous jeteroit. Je vous conseilleroit donc de rompre cette abitude, ou du moins de linterrompre, avant que vous vous en fussiez laissé subjuguer Ces regles de la sintaxe que vous avez etudié lontems, mesdemoiselles, vous ne les avez point retenu : car vous nen avez apliqué aucune au diverce frase que je vous ai fait ecrire ce matin sur la planche noir. Les prinsipe que lon a une foi bien consu doive rester gravé dans lesprit. Mes seures se sont promené hier le lon de la riviere. Une femme qui lavoit du linge dans un batau de blanchisseuse, sest laissé tomber dans leau : deuz home qui lon vu tomber, cé sont dezabilié très prontement, et ce sont jeté à l'au : il ont retiré la femme et lont ramené sur le rivage ; les pronts secours quon lui a donné, lont sauvé. Les deux homes que nous avons vu passer, sont les deux avocat que nous avons entendu pléder lundy dernier au tribunal de premiere instanse. Les talent quils out montré dans cet affaire importante, justifit la reputacion brilliante quils ont obtenu depuis lontems. Loccasion quon a une foi laissé échaper, ne revien plu. Lafection que javois consu pour vos enfant sest assez manifesté par toute les paines que je me suit doné pour leur instruction. Quelque soit mon zele et mon atachement pour mes éleve, quelque soin que je prène, le suxès est bien eloigné de depandre de moi seul. On sait mon gout déclaré pour les sciences, et je les ai assez cultivé pour avoir du y faire des prograit, pour peu que jeusse eu de disposition. Cète dame quun pur motif de curiositée avoit amené a la cour, y fut retenu par un motif dun genre superieur, et qui nen fure pas moins éfictsse pour avoir été moins prevu.

## LXXXVI.

Si je vous ai laissé, ma belle voisine, une emprinte que vous avez bien gardé; vous nen avez leesé un autre que jei gardé encore mieux. Vous ne sçavez pas quelle estime et quel respect votre couraje, votre modération votre sajesse, ont inspiré pour vous dans toute l'Europe. Jai resu votre paquet qui me seroit egallement parvenu sous l'adresse que je vous ai donné. Les troupes alié ont pris part aux conbas qui ce sont livré sur la frontière, et elle y ont déployé une valeure que tout le monde a admiré. Les bons livres que vous avez négligé de lire, vous aurait formé lesprit et le cœur. La romance que nous avons entendue chanter, ne ma pas paru digne de lauteur célèbre qui la composé. Je ne sçaurais vous pindre la vive impression qua faite sur moi le recit des ravages que le dernier oraje a causé. Les filles de Proetus, parce quelle setait vanté detre plus belles que Junon, furent frapé d'un genre de folie qui leurs fit croire quelles était changé en vache. Les geans, enfant de la terre, s'était révolté contre Jupiter mais ils furent terrassé a coups de foudre, et accablé sous les montagne quils avait amacé pour détroner le maitre des dieu. Les esperense que nous avions osé concevoir, que nous avons nouri si lontems, se sont évanoui tout dun cou. Cette sale nest pas aussi grande que je lavais cru dabort; je l'ai mesuré et jai reconnu quelle na que cinq toise et demi de lon sur trois toise et un tiert de large : elle ne pourait point contenir toute les personne que nous nous somme proposé de réunire ici la semaine prochaine.

## LXXXVII.

De quelque biens que vous jouisciez, vous ne serez point heureux, si vous ne sçavez reprimez vos passions. Quelque soit les bien dont vous jouiscez, sachez toujour vous moderez. Quelque sçavant que nous soyons, ne faisons pas un vain etalage de notre siense. Quelque juste que soit les hommes, ils peche sept foiz par jour. Quelque soit les caresse dun ennemi, ne vous y fiez point. Quelque caresses que vous fasse un ennemi, vous devez toujour vous en défiez.

Quelque soit linteret qui fait parler la reine,
La reponce, Seigneur, doit elle etre incerteine?

Quelque briliant que soit les don de la fortune, la vertue les effaces, elle seul a du prix. Quelque savant que nous puissions devenir, nous ne renfermeront jamais dans les bornes etroite de notre intelligense toute les profondeures de l'œuvre de l'infini. Ceuz qui ne socupent a quoique ce soit de bon et dutile, me paraisse fort meprizable. Quoique vous disiez, lhome juste et constant dans ses principe vit en paiz avec lui meme. A quoique vous vous ocupiez, donez y toute votre attension. Quelque richesses que lon possede, on est rarement contant de son sort. Quelque fautes graves que nous ayons commise, confions nous en la mésericorde de Dieu. Quelque sincerre que les home paraissent avec les femmes, elles ne doive pas satendre a netre jamais tronpé. Quelque eclairé que nous soyons, ne nous glorifions point de nôtre vçavoir. Quelque fole que soit les modes, on en est esclave. Il y a quelque cinq cens an que Gilia Flavio, fameuz pilotte, né à Naples, a fait lintterressante découverte de la boussole. Quelque talens que lon ait, on ne peut, si lon na ni bonheur ni protexion, reussire a quoique ce soit. Les criminel doivent etre puni, quelquils soit. Toute aimable quest la vertue, elle a moinz dadorateur que le vice. Quel sujez nont pas été epuisé par le gens de lettre?

## LXXXVIII.

Blanche de *Monbary*, contesse de Flandre avait perdu ses parent dans la plus tendre eunesce. Elle avait eté elevé en Angleterre chez le lord Walter Cliffort, son tuteur. Elle cetait lié dès lor avec la belle Rosemonde, fille du lord. Rosemonde aimais la retreite et la solitude; Blanche, au contraire, aimais le monde et les pleisir; et lorsque la reine Eléonore les avaient demandé l'une et l'autre, pour les atacher a son servisse, Blanche seule avait accepté, et Rosemonde était resté dans sa retreite. Agé seulmant de quinze an, Blanche avait fixé tous les regars et recu tout les homage qui pouvoit la flatez. Elle joui pendant une anée entieire des delisse dun amour mutuelle et vertueuz, sans que lon put en connaitre lobjez, sans que lon pu conaitre ensuitte ci se fut la mort ou labsanse qui l'en avais privé. Absorbé par la douleure, elle appersevait a peine la passion quelle avait inspiré au roi Henri II. Se fut autant par la jalouzie de la reine que par l'enprescement du roi quelle fut instruite de lamour dont elle était lobjez. Lorsquelle s'en fut apperçu, elle rezolut aussitôt de quiter la coure et lAngleterre meme..... Entouré, dans sa retreite, des enfant que Théodoric avait eu dun premiez mariage, Blanche eut souhaité den faire ces ami ; maiz jamais leur cœur ne fure touché daucuns sentimant d'afexion pour elle. Les doux nom de leur relacion mutuelle nétoit employé dune part que pour indiquez la superiorité de lage et la perte des agremans, et de l'autre que pour faire santire lautoritée et provoquez lobeissance. Aprez dix ou douze an de sejour a Mouçon, Blanche avait perdu, sandoute quelque chose de sa premieire fraicheure ; mais sa bautée regulieire et noble pouvais le disputer au bautés moins parfaitte qui avais sur elle l'avantage de la jeunesce ; et bien loing quelle fut plus agé que ses belles filles, la cronique assûre meme que les ainé datait de plus loing quelle. Quoiquil en soit, cète petitte rivalitée avait augmenté baucoup la mesintelligeance qui devait neitre dune opposicion entieire de caracteire. Linimitié cétait accrû de jour en jour, et les desagreimens que faisait eprouver a Blanche la mauvaise humeure de ses belles filles lui avait rendu le séjour de Mouçon insuportable. La fortune de Théodoric avait éprouvé des reverd. Les avantage considerable quil avait dabord remporté pendant prez de quinze an sur les Sarrazins, l'avais mis en etat de conbléz sa jeune épouze des plus riches presens. Mais Théodoric et André n'envoyait plus en Europe que des trophé d'arme, et ils se voyait forcé a redemandez les somes nécessaire pour soutenire leurs expedicions. Blanche renvoyoit sans regrez les tresorts quelle avait resu sans aviditée. Ils retourne a leur sourse, disait-elle.

## LXXXIX.

L'inocente Clara n'est point condanné uniqment parcequon la trouvé évanoui dans la chambre de lenfant assaciné. On la trouve caché souz une table couverte dun tapiz; cette circonstense est quelleque chose. Son amant, pere de l'enfant, avait vu la veille, sans etre apersu delle, tout les instrument du crime entre ses main : le poiniart, un mouchoire de soye, une echèle de corde. Aprez avoir eu le tems d'examinez ces chose, il entre dans sa chambre : aussi tot elle cache avec precipitassion, sous un voille, ce poiniart, ce mouchoire, etc. Elle rougi, ce deconserte, et lorsquil la questhione la dessuz, elle fait un mansonge : cète pettite scene n'est regardé que come un enfantiliage; mais le lendemain, le pere, en trouvant son fils assaciné, et Clara caché souz la table, reconait le poiniard et les autre instrument du crime; et Clara, en reprenant lusage de ces sens, prononse ses parole: *je nai rien a dire pour ma defance*... En outre, on aprent quelle avait reçu la veille une caice venant d'Allemagne, qui renfermait le poiniart, etc., et quelle avait ordoné au domestique qui la lui avait remise de ne point parler de cette envoi. On aprent encore quelle cétait glissé furtivement, avec baucoup de mistere et a une heure indû dans le pavilion de l'enfant. A lintérogatoire, toute ces chose son répeté; on présente a Clara les instrumans du crime; on lui demande sils était dans la boîte quelle a reçu, s'il est vrai quon les ai vu la veille dans ses mains ? Elle convient de tout : on la presse de dire quelle-que chose pour sa défence ; elle persiste a repetez quelle na rien a dire.

Se nest point pour les roi quest la sinseritée ;
Tout ce farde a la coure jusqua la veritée.
Lencenz fait un plaizir dont lame extazié
Jamais jusqua se jour ne sest rassazié ;
Et lon étale auz roi dun plus tranquil front.
Les vertues qu'il nont pas que les défautx quils ont.

ÉSOPE *à la Cour.*

Quel grande bataille a-t-on jamais gagné,
Que l'horreur nait suivi, ou nait accompagné ?
Eh ! quest ce que lon gagne ? Un morseau de terrin,
Que le victorieuz quite le lendemin.
Cepandant, bien souvant, pour de telle conquetes
Il en coute au vainqueur quinze ou vint mille tetes ;
Et le sang que lon perd dans se gain malheureuz
Est toujours le plus noble et le plus genereux.

( *Ibid.* )

## XC.

Une femme vertueuze, mais infirme et peauvre, occupe cet humble chaumierre, Deuz enfans, dans la premiere fleure de l'inocense, pleurerait de faim au piez du lit de leur mere infortuné, si Mélinde nétait leur ange tutelaire. Ravi davoir consolé l'indigeance, elle va revenir, ses beles joue animé d'un sentiment de joye, et ses bauz yeux baigné encore des larmes de la pitiée. Une persone qui se voit délaissé dans sa misere, ne regarde la bienfesance que come un paradoxe qui ocupe inutilement une quantitée de vain discoureur. Il a été heureux pour certaine personne detre abandoné de leur proche ; cest par la qua commencé la chaine des evenement qui les ont conduite à la fortune. Il y a des gens dont le mérite et le courage ont besoin detre soutenu ; et dautre, qui ne les font valoire que lorsquil se voit delaissé. Perfide, tu nose ronpre un sermant que taracha Tatius ! compte-tu pour rien ceuz que tu m'a fait ? Te les avais-je demandé, ingras, qui, sous laparence de la vertue, cache lanbitieuz projez de te faire roy des Sabins, et daracher uu trone a mon pere ? Tremble du sort qui te menasse ; tremble des mauz que tu te prepare. Ne te flate pas de leur echapez ; le seul nom de Romulus tenvironera partout d'enemi. Errant, persecuté, bani, tu trainera ton infortune et ta fausse vertue chez tout les peuple de l'Italie, qui te rejetront de leur sin, En proye aux remors devorans pour avoir cauzé la mort de ton epouze, tu pleurera a tous les instant le crime de ton inconstanse. Tu regrettras Hersilie, tu tendra verelle des main supliante : Hersilie nen sera que plus animé a te persecutez. Tant quil me restra un soufle de vie, je te poursuiverai, la flâme à la main; et si ton abandon me donne la mort, mon ombre ira ce joindre au cruèle furies, pour ajouter a lhorreure de ton suplice.

J. B. Rousseau dit, en parlant des mechant,

Jai vû que leur honeures, leur gloirre, leur richesse,
Ne sont que des filets tendu à leur orgueuil;
Que le port nest pour euz quun veritable ecueil,
Et que ces lit pompeuz ou sendore la molesse,
Ne couvre quun affreuz cercueil.
Coment tant de grandeure sest elle evanoui?
Quest devenu lécla de ce vaste apareille?
Quoi leur claretée séteint aux clarté du soleil!
Dans un someil profont ils on passé leur vie,
Et la mort a fait leur reveille.

## XCI.

L'*abandon* est une neigligeance presque tousjours agreable, quon sent dans le discour, lorsque lécrivain, vivemant penetré de ce quil veux dire, ce laisse aler au mouvemant naturele de son sentimant et de sa pensé, sans recherchez ni ses tour et ses expression, ni la liaizon et lordre rigoureuz des idé. Quant on est bien penetré dune idé, dit Voltaire, quant un espriz juste et plain de chaleure possede bien sa pensé, elle sort de son servau, toute orné des exprécion convenable, comme Minerve sorti toute armé du cervau de Jupiter.

Voltaire fais sentire, dans tous ces ouvrage de vers et de prose, la justèce de cète comparaison; il sont plain de cet *abandon* d'entrainement et de rapiditée, qui donne a son stil un ton si animé et si naturèle, et des couleur si brillante, sans désordre et sans incorexion.

On trouve le meme *abandon* dans les lettre de madame de Sévigné, et il faut convenire que le genre epistolaire est celuy au quel cète manierre senble convenire le mieuz. Cest surtout dans ce sentimant inepuizable de tendrèce, que ses lettres offre mil trait de cet *abandon* aimable et piquant. Nous nen citterons quun exemple: «Ma chere fille, ce que je ferai baucoup mieuz que tout cela, cest de pencer a vous : je nai pas encor cescé depui que je suis arrivé; et ne pouvant contenire tous mes sentimans, je me suis mis a vous ecrire au bout de cète petitte allé sonbre que vous aimez, assize sur ce siege de mouce ou je vous ai vu quelque foiz couché. Mais, mon Dieu! ou ne vous ai je point vu ici? et de quel façon toute ces pensé me traverse t-elle le chœur ? Il n'y a point dendroitz, point de lieu, ni dans la maizon, ni dans l'églize, ni dans le pays, ni dans le jardain, ou je ne vous aie vu. Il ny en a point qui ne me face souvenire de quelleque chose. De quelque manierre que ce soit, je vous vois, vous mêtes presente, je pence et repence a tout, ma tete et mon espriz ce creuze : mais jai bau tournez, jai bau cherchez, cète cherre enfant que jaime avec tant de pacion est a deux cent lieue de moi, je ne lai plus ; sur cela je pleure sans pouvoir men empechez. »

A l'eleganse, a la noblesse, a l'harmony, a la richece, quon admirre dans les psaume de Rousseau, il faut joindre cète onxion quil avait puisé dans loriginale. Ce nest pas quon ne puisse en desirez d'avantage, surtout quant on a lu les chœurs de Racine : il y à dans ceuz ci plus de sentimans, come il y a plus de fléxibilitée dans les ton, et plus d'habilté a passez continuelement de l'elevacion et de la forse a la douceure et a la grace, et de faire contrastez la crainte et lesperance, la pleinte et les consolacion. Mais il est juste aussi de remarquez que les chœurs de Racine, melangé de toute sorte de rhythme, ce pretait plus facilment a cète interressante variétée ; c'était des odes que Rousseau voulait faire. Il est vrai encore que dans la seulle ou il ait employé le melange des rhythmes quil aurait peut etre pu mettre en usage plus souvant, il nen a pas tiré, a beaucoup prez, le meme partie que Racine dans ses chœurs. Mais enfin lon peut avoir moins de sencibilitée que Racine et nen etre pas depourvu ; et c'est encor dans ses psaume que Rousseau en a le plus.

Quelquefoiz Rousseau paraphrase longuement et faiblement se qui est baucoup plus bau dans la simplicité de loriginale.

Les cieux instruise la terre
A reverer leur auteur :
Tout se que leur globe enserre
Celébre un Dieu createur.
Quel plus sublime cantique
Que ce concer magnifique
De tous les céleste corps!
Quel grandeure infini !
Quel divine harmony
Resulte de lerus accors!

Come le reste du psaume est fort supérieure, on le citte souvent au jeune gens ; et jai vu se meme comencement raporté avec les plus grans éloge dans vingt ouvrage fait pour léducation de la jeunesse. Il serait utile au contraire de leur faire appercevoir la diférance de cète premiere strophe aux autre.

Les deux premier vers son baux, quoiquil ne vaille pas, a mon gré, la simplicité si noble de loriginale : *Les cieuz raconte la gloire de l'Éternel, et lé firmamant anonce louvrage de ses mains.* Mais tous les vers suivant sont rempli de faute. *Enserre* est un mot dure et désagréable, deja vieillit du tems de Rousseau. *Le globe* des cieux est une exprécion tres fausse. *Résulte de leurs accords* termine la strophe par un vers ausi sourt que prozaique. Jamais le mot *resulte* na du entrez que dans le raisonnemment. Mais ce quil y a de plus vicieux, cest la rédondanse de tous ces mos presque synonimes, *sublime cantique*, *concer magnifique*, *divine harmony*, *grandeur infine* : cest un amat de chevilles indigne d'un bon poete.

## XCII.

Emilie ne quita point sa tante jusque lontems aprez minuit; elle serait resté d'avantage, si sa tante ne leut conjuré daler prendre un peu de repoz : elle obéit d'autant plus volontiez que la malade lui paraissait soulagé : elle donna a Annette les memes instruxions quelle lui avait donné la nuit precédante, et ce retira dans son apartement. Ses esprits était agité, elle ne ce serait point endormi : elle preféra de survéliez cète misterieuze aparicion qui lui causait tant d'alarme et tant dinteret.

Cetait la segonde garde, et lheure ou la figure avait deja paru. Emilie entendit les sentinèles qui ce relevait; et quant tout fut rentré dans le calme, elle repris sa place a la feneitre, et mit sa lampe de coté afin de ne pas etre appersu. La lune donnait une lumiere faible et incertaine; dépaices vapeurs lobscurcissait, et quant elle roulait sur son disque, les teinèbres était absolu. Dans un de ces sonbres momens, elle remarqua une flâme légere qui voltigeait sur la terrace; pendant quelle regardait, la flâme sévanouit. La lune setant montré au travers des nuage plonbé et chargé de tonnerres, Emilie contempla les cieux; de nonbreux éclair siliounait [illegible] nuée noir, et repandait une lueure morne sur la masse des bois du valon. Émilie ce plaisait a observer les grans efets du paysage : quelquefois au dessus dune montagne, un nuage ouvrait ces feuz ardans; cete splandeure subite illuminait jusques aux cavitées ; puis tout etait replongé dans une obscuritée plus profonde; d'autre foi des eclair dessinait tout le chateau, detachait larcade gotique, la tourèle au dessus, les fortifications au dessous; et alors ledifice entier , ses tours , sa masse , ses etroite feneitre briliait et disparaissait a linstant.

Emilie, en regardant le rampart, revit encore la flamme quelle avait remarqué : cète flamme était en mouvement. Bientôt apres, Émilie entendit marcher : la lumiere se montrait et seclipsait successivement. Elle la vit passez sous sa feneitre ; mais lobscurité était celle quon ne pouvait distinguez que la flâme, tout à coup la lueure dun eclaire fit voire a Emilie quelqu'un sur la terrace. Toute les anxietées quelle avait eprouvé la nuit precedante, se renouvellere ; la personne savansa et la flâme, qui semblait ce jouer, paraissait et sevanouissait par momens. Emilie desirait parler pour terminez ses doute, et sassurez i la figure etait humeine ou bien surnaturèle, Le courage lui manquait toute les foiz quelle ouvrait la bouche ; la lumiere setant enfin montré justement au dessous de sa feneitre ; elle demanda dune voix languissente qui cétait.

## XCIII.

Pourquoy ne mavez vous pas renvoyé les deux livre que je vous ai fait redemandez Je ne vous les avait preté que pour sept a huit jour, et vous les avez gardé plus de troiz moi. Vous mavez dis dans le tems que vous les aviez laissé emportez par votre cousin, qui les a laissé tombez dans la bout. Cest sandoute pour cela que vous navez pas osé me les renvoyé. — Les proverbes que nous avons vu jouer, et qui nous ont tant amusé, ont été composé par cète jeune persone que vous avez vu jouer le rôle de Ruth dans le dernier. Cète jeune persone est une étrangere qui nest arrivé en France que depui deux an. Les progrez quelle a fais dans l'étude de notre langue, quelle navais jamais entendu parler avant son arrivé a Paris, ont paru surprenans a tous ceuz qui en ont été les temoin. Les petite piece quelle sest amusé à composez font nos delice depuy six mois Je ne sçaurais vous dire tous les applaudissemens quelle lui on valu. — La foudre que nous avons entendu gronder, est tonbé sur une églize, qui a été brulé toute entiere. Toute les persone qui se sont trouvé dans cette eglize ce sont enfuis avec précipitation. En sortant, elle ce sont jeté les une sur les autres; et un grand nonbre dentr'elles ont été blessé. Tous les eforts qu'on a fais pour arreter lincendie ont été inutils La flâme c'est communiqué a toute les partie de lédifice avec une rapiditée incroyable. Lhistoire des sciences ne presante que deuz homes qui, par la nature de leurs ouvrage, paraisse ce rapprocher de Buffon, Aristote et Pline. Tout deux, infatigable come lui dans le travail, etonnant par limmencité de leurs connaissances et par celle des plants quils ont consu et exécuté ; tous deux, respecté pendant leur vie, et honoré aprez leur mort par leur concitoyen, ont vu leur gloire survivre aux révolucion des opinion et des empire, aux nation qui les ont produits, et meme aux langue qu'ils ont employé ; et il semble par leur exemple promettre à Buffon une gloire non moins durable. — Ceux dont cette princesse a presenté les vœux ou les pleintes, offre pour elle de tout coté le sacrifice de leur larmes ou de leur priere. Les familles quelle a assisté, et qui lui doive le repoz dont elle jouisse, lui souhaite incessamment le repoz eternel devant Dieu. Les villes les plus nonbreuzes assemble leurs peuple pour lui rendre pompeuzement des devoirs funebre. Les provinces quelle a autrefois édifié par sa pietée, et par les aumones quelle y a repandu, retantisse du bruit de ses louange. Les pretres offre pour elle le sacrifice de Jésus-Christ sur les hòtels; et les pauvre quelle a secouru demandent a Dieu pour elle la misericorde quelle leur a faite.

## XCIV.

Les inquietudes que nous avions consu sur le sort de mon frere, ce sont enfin dissipé. Les lettres que nous en avons reçu ces jour cy nous ont entierement rassuré. Il sest heureusement tiré de tous les danjer qu'il à couru. Autant il a rencontré dennemi, autant il en a tué. Les arbres que jai vu planter, je les ai vu croître en peu danée. Les ennemi que nous avons eu à combatre, et que nous navons pu vaincre, ont peiri de froit et de faim. La bone action que cète femme bienfaisante avait taché de rendre secrette, sest divulgué promtement, et a excité ladmiracion de tout ceuz qui en ont été informé. Les aviz que je vous ai donné, mes amis, et que vous avez négligé de suivre, vous aurait garanti des maleurs que vous avez essuyé, et dont vous netes devenu les triste victime que par votre legerté et votre imprudance. Quelques soit vos excuses, vous serez condanné par tous les gens sensé. Vous vous étiez imaginé que vous pouriez voler de vos propres ailes; mais votre chutte funeiste vous aura sans doutte rendu plus circonspect. Ces peuple ce sont laissé aller aux attrait de la voluptée ,de cète syrene enchantresse qui les a perdu sans ressourse. Ce qu'une juditieuze prevoyance na pu mettre dans lesprit des homes , une maitresse plus imperieuze , je veut dire lexperianse , les a forcé de le croire. Osons être par nous meme , et nous ne contrediront point les premières imprécion que le ciel a tracé en nous. Voila les ennemi que la reine a eu a combattre , et que , ni sa prudanse , ni sa douceure , ni sa fermetée , n'ont pu vaincre. Que si lesprit dindocilitée et dindepandance sest montré tout entier à l'Angleterre , et si sa malignitée sy est déclaré sans réserve , let roiz en ont soufert ; mais aussi les roiz en ont été cause : ils ont trop fait sentir aux peuple que lancienne religion ce pouvait changer : les sujez ont cessé den reverer les maximes quant il les ont vu ceder aux passions et aux intereits de leur princes. Ces terres trop remué , et devenu incapable de consistanse , sont tombé de toute part , et nont fait voir que deffroyable precipisses : j'appèle ainsi tant derreurs temereires et extravagante quon voyait paraître tous les jours.

## XCV.

Mais la sage et religieuse princesse qui fait le sujet de ce discour na pas été seulment un spectacle propozé aux homme pour y étudiez ses conseil de la divine providansè et les fatale revolucion des monarchis; elle sest instruit elle meme pendant que Dieu instruisait les prinse par son exemple. Elle a egalemant entendu deux leçon bien opposé, cest a dire quelle a usé chretiennement de la bone et de la mauvaise fortune. Dans lune elle a été bienfaisante, dans lautre elle sest montré toujours invinsible. Tant quelle a été heureuze, elle a fait sentir son pouvoir au monde par des bontée infini; quant la fortune leut abandonné, elle s'enrichit plus que jamais elle meme de vertuz : telment quelle a perdu pour son propre bien cète puissance royalle quelle avoit recu pour le bien des autre; et si ses sujez, si ces alliés, si léglise universelle a profitté de ses grandeures, elle meme a su profitter de ces malheur et de ces disgrace plus quelle navait fait de toute sa gloire. — Avec quel prudanse elle traitait les afaire! Une main si habile eut sauvé l'etat, si l'etat eut du être sauvé. On ne peut assez louez la maguanimitée de cette princesse. La fortune ne pouvait rien sur elle ; ni les maux quelle a prévu, ni ceuz qui lont surprise, nont abatu son courage. — Que si lhistoire de léglise garde cherement la mémoire de cète reine, notre histoire ne taira pas les avantage quelle a procuré a sa maison et a sa patrie : femme et mère tres cherri et tres honoré, elle a reconcilié avec la France le roi son mari et le roi son fils. Et depuis ne sest elle pas appliqué en toute rencontre a conserver cette meme intelligence ? — Quant jenvisage de prez les infortune inoui dune si grande reine, je ne trouve plus de parole ; et mon esprit, rebutté de tant dindignes traitement quon à fais a la majesté et a la vertue, ne ce résoudrait jamais a se jetter parmi tant d'horreures, si la constanse admirable avec laquelle cette princesse a soutenu ces calamités ne surpassait de bien loing les crime qui les ont causé.

## CXVI.

Une des plus essencielle et des plus noble fonxion des souverain, cest de randre la justisse aux peuple. Saint Louis en fit une des prinsipale occupacion de son reigne. Il écoutait, il examinait lui meme par son équitée les différans de son peuple. L'entrée du Louvre était libre a tous ceuz qui recourait a sa protexion. On ne voyait pas autoure de lui des rans affreux de garde en haye pour effrayer les timide, ou pour rebuttez les importun : il ne fallait pas ganiez par des presans ou fleichire par des priere des huissiez inteiressé, ou inexorable. Il ny avait point de barrieire entre le roi et les sujez que le moindre ne pu franchire. On nattendait pas quelle serait son sort auprez de ces porte superbes quon entrouvre de tems en tems pour exclurre, non pas pour recevoir ceuz qui ce présente. On navait besoin d'autre recomandacion ni d'autre credi que de celui de la justisse ; et cetait un titre sufizant pour etre introduit auprez du prinse, que d'avoir bezoin de sa protexion.

Que jaime à me le represantez ce bon roi, comme lhistoire le représante dans le bois de Vincennes, sous ces arbre que le tems a respecté, sareitant au milieu de ses diverticemans innosans pour ecoutter les pleintes et pour recevoire les requettes de ses sujetz. Grans et petis, riche et pauvres, tous peneitrait jusqu'a lui indifeiramant dans le tems le plus agréable de sa promenade. Il ny avait point de differanse entre ses heure de loizir et ses heure doccupation. Son tribunale le suivait partout où il allait. Sous un daiz de feuliage et sur un trône de gason, comme sous les lambri doré de son palais et sur son lit de justice, sans brigue, sans faveure, sans acception de qualitée ni de fortune, il rendait sans délaie ses jugemens et ses oracles avec autoritée, avec équitée, avec tendresse, roi, juge, et père, tout ensemble.

## XCVII.

Vous trouvrez ci incluze la lettre que vous mavez prié décrire en votre faveure à monsieur le directeur-général des douanes du royaume. Je crains que cète recommandacion ne vous soit pas aussi util que je lavais cru dabort. J'aurais cependant bien desiré pouvoire vous marquez par mes bons offices toute la reconnaissance dont je suis penetré pour les nonbreuz servisse que vous avez bien voulu me rendre, et que je noublierai jamais. Je vous ai envoyé la semeine passé les deux cenlouis que vous m'aviez demandé. Je suis surpris que vous ne mayez pas encore écris que vous les avez reçu. Cepandant lhome auquele je les ai confié à du arriver a Moulins au bout de deuz jour, et il les aura sandoute fais porter chez vous le lendemain. Cète somme complétra les onze mils francs que je m'etais engagé a vous payez ce moi ci. Je metterai la meme exactitude dans les payemens que je do't vous faire le moi prochaint.

Le peu de progrez que ces eleves ont fais dans letude de la langue latine a la quèle il ce sont appliqué depuis deuz ans, prouve que la metode que le maître a suivi ne sçaurait produire les succeis quil en avait esperé. Le peu de confiance que javais mise en cette metode se trouve justifié par levenement. Je me defirai toujours de ces nouvèles metodes quon a imaginé depui vingt an, et dont aucune na été couroné par les prodigieuz succeis que les inventeurs avait osé sen promettre..... Mes sœur, que vous avez laissé partire, ne reviendront plus dans cette maison quelles ont quité et quelles nont aucunement regreté. Les chaleures excessive quil a faite pendant les deux moiz quelles ont passé ici, les ont enpéché de sortire. Elles ce sont peu promené, elle ce sont baucoup ennuyé ; elle ce sont proposé de ne jamais revenire. Je vous ai dis avec quel impatiance elles ont atendu lépoque que ma mere avait fixé pour leur départ, avec quelle joye elles lont vu enfin arrivez.... La ferme que nous nous étions proposé d'acheter nest pas aussi considérable quon nous lavait annonsé. Nous avons été la voir hier, et nous avons reconnu que les raports quon nous avait fait sur son étendu et ses produit etait bien exageré. Elle ne contient guere que deuz cens hectares, tant en terres ensemancé quen vignes et en preirie. Le fermiez qui la exploité depuis neuv an nenploye que trois charus. Les benefices quil nous a assuré quil avait fais, ne ce serait jamais elevé au de la de huit a neuf cent frans, ces dépences prelevé...

O toi ! soleil, o toi qui rend le jour au monde,
Que ne la tu laissé dans une nuit profonde
A de si noir forfais prete tu tes rayons ?
Et peux tu sans horreure voire se que nous voyons !
Mais ces monstres, helas, ne tépouvente guere;
La race de Laïus les a rendu vulgaire :
Tu peux voir sans frayeure les crimes de mes fils,
Apres ceux que le pere et la mere ont commis.
Tu ne tetonne pas si mes fils sont perfide,
Sil sont tout deux mechant, et sil sont paricide;
Tu sçais quil sont sorti d'un saug incestueux,
Et tu tétonnerais, sils était vertueux.

(Racine, *tragédie des Frères ennemis.*

## XCVIII.

Lheure que jai entendu sonnez me rapèle la parole que jai doné de me rendre dans une assemblé nonbreuze qui doit avoir lieu aujourduy pour discuter une question tres interressante que la chanbre du commerce a renvoyé a notre examen. Les papiez que jai entendu lire font mension de deuz grans combat qui ce sont livré entre les Russes et les Turcs, et dans lesquels les Turcs ont remporté des avantage que les Russes leurs ont fortement disputé. Les alleluia que nous avons entendus chantez, nous ont baucoup réjoui. Nous nous some présenté ce matin chez votre tente. La domestique qui est venu nous ouvrire la porte, setait fait attendre, nous avait laissé sonet plus dune demie heure. Nous lavons bien grondé; elle sest fâché; elle nous a empeché dentrez chez sa maitresse. Nous nous some écrié : Madame, veuliez bien ordonner a votre domestique de nous laisser entrez. Nous avons quelque chose de tres important a vous communiquez; nous ne pourons pas revenire plus tard. Votre tente sest haté de venire nous recevoire; et elle a fait à la servante tout les reproche quelle a du. Quels aventages avez vous retiré des mensonges honteux que vous navez pas crains de repandre contre vos ennemits et contre vos melieurs ami meme. La véritée a percé, et lindiniacion publicque que nous avons vu eclatez, vous a aprit quel cas ont fait de vos pareil. Que de péril j'ai couru dans les deux derniez voyages que jai fais! Ces juges ce sont laissé ganiez par lapas d'une some qu'on leur a promis, mais quil nont pas touché. Nous les avons vu tombez, ces colosse au piez dargile ; cest par ceuz la meme qui les avait elevé si haut, que nous les avons vu abatre. Turgot et Sully ce sont imortalizé par leur vertus plus encore que par leur talens. Tous les gens de loi que nous avons consulté, nous ont assuré que nous gagnerions notre proces. Maleureuse calypso, tu tes trahi toi meme ; te voila engagé, et les onde du Styx par les quelle tu as juré ne te permette plus de changer ! Les feu quon avait alumé, ce sont éteins deuz meme. Ceux qui les avait alumé, nen ayant plus besoin, les ont laissé eteindre. Les imbécils que tu a entendu babilier si impertinamant sur des sujetz si puéril, se sont tu quant ils nous ont vu entrer. Ces soldats dont la renommé a chanté les explois, ne ce sont jamais laissé abatre par les privacions quils ont eu a suportez. Ils ont usé de toute les ressource qua comporté leur situacion.

Que pourais je esperer dune amitié passé,
Quun long eloignement na que trop efacé ?

RACINE.

## XCIX.

Mes ami, par quelles illusion ne vous etes vous pas laissé abuzer ? Julie a perdu la cu-

pas enrichi. Je ne croi point que vos deuz chevauz, quel que baux quils soit, vaille les deuz mils ecu quils vous ont couté. Que de soins ma couté cette afaire que vous m'avez confié, et que jai heureuzement terminé. A quoi vous ont servi les soins que vous vous etes doné, les peine que vous avez prise, pour obliger ces méchante gens? Les trois lieues que nous avons couru a traverd les chants nous ont doné un grand apétit. Mon frere na obtenu aucun des emploi quil a couru. Croyez vous que cette maizon vaille encor aujourdhui les vingt mille frans quelle a valu il y a six ans? Les trois postes que nous avons couru, nous ont couté seize frans. La statue equestre que vous avez vu eriger lan passé, est tombé. Le dernier oraje la renversé. Cest un aveugle de l'ospice des Quinze-Vingt, qui a exéeuté les beaux chefs d'œuvres que tu as admiré et que tu tes proposé d'imiter. Quelque soit les ecueil dont la nef d'Ulysse ce soit vu menacer, elle sen est garanti, et ne sen est pas laissé endommager. — Racine met ces paroles dans la bouche de Jocaste :

Dureront il toujour ces ennui si funestes?
Népuizeront il point les vengences céleste?
Me feront il soufrir tant de cruel trépas,
Sans jamais au tombau précipiter mes pas?

O ciel, que tes rigueures serait peu redoutable,
Si la foudre dabort acablait les coupable !
Et que tes chatimens paraissent infini
Quand tu laisse la vie a ceux que tu puni !
Tu ne lignore pas, depuis le jour infame
Ou de mon propre fils je me trouvai la femme,
Le moindre des tourmens que mon chœur a soufers,
Egalle tous les maux que lon soufre aux enfer.
Et toutefois, ô dieux ! un crime involontaire
Devait il atirer toute votre colere ?

(*Tragèdie des Frères ennemis.*)

## C.

### ÉRUPTION DU VOLCAN DE QUITO.

Heureuz les peuple qui habite les valées et les colines que la mer a formé dans son saint, des sables que roule ses flots, et des dépouille de la terre ! Le pasteur y conduis ses troupauz sans allarmes : le laboureur y seime et y moissone en paiz. Mais malheur aux peuple voizins de ces montagnes soursilieuse dont le piez na jamais trempé dans l'Océan, et dont la cime s'éleive au-dessus des nue ! Se sont des soupireaux que le feu souteirain sest ouvers en brisant la voute des fournaise profonde où sans cesse il boulione. Il a formé ces mons des rochez calsiné, des meteaux brulants et liquide, des flots de cendres et de bitume quil lansait, et qui, dans leur chutte sacumulait aux bords de ces goufres ouvers. Maleur aux peuples que la fertilitée de ce terrein perfide atache ! Les fleures, les fruis et les moisson couvrent labime sous leurs pas. Ces germe de féconditée dont la terre est penetré, son les exhalaisons du feu qui la décore ; sa richesse, en croissant, preisage sa rũine, et cest au sin de labondanse quon lui voit engloutire ses heureux possesseur. Tel est le climas de Quito. La ville est dominé par un volcan terrible, qui, par de frequente secouces, en ebranle les fondement.

Un jour que le peuple indien, répandu dans les campagne, labourait, semait, moissonait (car ce riche vallon preisente tout ces traveaux a la foiz), et que les filles du Soleil, dans linterieure de leur palais, était occupé, les unes a filez, les autres a ourdirc les preicieux tissuts de laine don le pontife et le roi son veitu, un bruis sourt se fait dabort entendre dans les entraille du volcan. Ce bruit, sanblable a celui de la mer, lorsquelle consoit les tempeites, s'accroit, et se change biensot en un mugicement profont. La terre tremble ; le ciel gronde, de noir vapeures ]envelopent, le temple et les palets chancèlent et menacent de sécroulez ; la montagne sébranle, et sa cime entrouverte vomit, avec les vents enfermé dans son sin, des flos de bitume liquide, et des tourbilion de fumée, qui rougisse, senflament, et lance dans les airs des éclas de rochez brulant quils ont détaché de labime : superbe et terrible spectacle de voir des riviere de feu bondire a flos étincelans, au traverd des monsaux de neige, et s'y creuzer un lit vaste et profont.

Dans les murs, hors des murs, la désolacion, lepouvante, le vertige de la terreure, se rependent en un instant. Le laboureur regarde, et reste immobil. Il noserait entamer la terre quil sent come une mer flotante sous ses pas. Parmis les pretre du Soleil, les uns tramblant selansent or du temple; les autres consterné embracent lautel de leur dieu. Les vierges eperdu sorte de leurs palais, dont les tois menace de fondre sur leur tete, et courant dans leurs vastes enclots, pales, échevelé, elles tende leurs mains timide vers ces murs d'ou la pitiée meme nose aprocher pour les secourire.

(*Les Incas.*)

## CI.

Quant la nuit fut revenu, Emilie setant rapellé la musique mistérieuze quelle avait deja entendu, espera quelle lentendrait encore. Linfluance de la superstición devenait chaqué jour plus active sur son esprit afaibli par la douleure. Sétant déterminé a atandre seul, elle congedia Annette : il était encore loin de lheure ou la musique cétait faite entendre ; et, dans le desir de distraire ces pencée, et doublier un sujet d'aflixión, elle choizit un des livres quelle avait aporté de France. Mais son esprit inquiet et agité ne pouvait soutenir laplication. Elle alla une foiz a la feneitre pour ecoutez les son quelle avait esperé dentendre. Elle setait imaginé un moment quelle entendait une voiz. Mais bientot elle reconnu que tout etait tranquile et elle se crut tronpé par son imaginacion.

Ainsi passa le tems jusqua minuis. A se moment, tous les bruis éloinié qui murmurait dans lansainte du chatau se trouverent assoupi presque a la foiz, et le someil sembla régnez partout. Emilie, setant mise a la feneitre, fut tiré de sa reiverie par des son fort extraordineire : ce netait pas une harmonie, mais cetait les murmurs secrez d'une personе désolé. En écoutant, le cœur lui manquat de terreure, et elle demeura convaincu que les premiez acors quelle avait cru entendre netait pas qui maginaire. Par intervale elle entandait de feibles lamantacions, et cherchait a decouvrire dou elles venait. Il y avait au dessous delle un grant nombre de chanbre fermé depuis lontems, et il était probable que le bruit en sortait. S'etant panché sur la feneitre pour decouvrire quelque lumiere, elle cru remarquer que toute les chanbres etait dans les teneibres; mais, a peu de distanse, sur le rampart, elle crut appercevoir quelque chose en mouvemant. Le faible éclas que donait les étoilles ne lui permettait pas de distinguez précizement. Elle jugea que cetait une sentinelle de garde et mit de coté la lumiere pour observer avec loisir, sans etre elle meme remarqué.

## CII.

Le brigand avait enfermé la tante d'Emilie dans cette tour, et ly avait abandoné a la plus rigoureuze captivitée. Sans remors, sans pitié, il lavait laissé languire en proye a une fievre dévorante qui lavait mis enfin aux porte du tonbau. Le sang dont Emilie avait vu la trasse dans lescaliez avait coulé dune blessure que lun des sattellite du brigant avait reçu pendant le conbat, et qui setait débandé en marchant. Pendant la nuit, ces homes setait contenté de bien enfermez leur prisoniere , et ils avait ensuite cessé de la garder. Cest pour cela qua la premiere recherche Emilie avait trouvé cette tour deserte et silensieuse. Quand elle fit un efort pour ouvrire la porte de la chambre, sa tante setait endormi; et le silence profont qui regnait lui confirma lidée que sa tante nexistait plus. Cependant, si la terreure ne leut pas empeché de recomanser a lapeller, la tante ce serait revélié, et la nièce se serait eparnié bien des peine. Quant la nuit fut venu , Emilie voulu la passer prez de sa tante; mais celle sy oposa absolument. Elle exigea que sa niesse ala prendre du repoz, et qu'Annette seulle resta prez delle. Le repoz veritablement était bien necessaire a Emilie, aprez les secouces et les mouvemens quelle avait eu a suporter dans ce jour. Ocupé de reflections mélancholique, anticipant tristement sur lavenir, Emilie ne setait pas mis au lit; elle setait apuyé, dans sa reiverie, au bort de sa feneitre ouverte. Les bois et les montagnes, tranquilment éclairé par lastre des nuis, formait un contraste penible avec letat de son esprit; mais le murmure des bois et le someil de la nature adoucirent graduelment les émocions quelle resantait, et soulagèrent enfin son cœur jusqua lui faire versez des larmes. Elle resta à pleurez pendant assez lontems, sans suivre aucune idée, et ne concervant que le sentiment vague des maleurs qui pesait sur elle. Quant a la fin elle ota le mouchöire de ses yeux, elle appersut devant elle, sur la teirasse, la figure quelle avait deja observé. Elle était immobile et muète en face de ses feneitre. En la voyant, elle tressaillit, et la terreure, pour un moment, surmonta sa curiositée. Elle revint ensuite à la feneitre, et la figure y etait encor; elle put lexaminez, mais non pas lui parler, comme elle se letait dabort proposé. La lune était briliante, et lagitacion de son esprit était peut etre lunique obstacle à ce quelle distingua neitement la figure qui etait devant elle. Cette figure ne fesait aucun mouvement, et Emilie douta quelle put etre animé.

## CIII.

Un Plébeyen chargé de fers vint se jeter dans la place publique comme dans un azile Ses habis etait moulié; il ètait pale ēt defiguré; une grande barbe et des cheveuz negligé et en dezordre rendait son visage afreuz. On ne laissa pas de le reconnaitre, et quelque persones ce souvinre de lavoir vu dans les armée comander et combatre avec beaucou de valeure. Il montrait lui meme les cicatrisse des blessure quil avait reçu en diférantes ocasions, il nomait les consuls et les tribuns sous les quels il avait servi ; et, adressant la parolle a une multitude de gens qui lenvironait, qui lui demandait la cause de l'état deplorable ou il était reduit, il leur dit que, pandant quil portait les armes dans la dernière guère quon avait faite contre les Sabins, non seulement il navait pu cultivez son petit éritage, mais que les ennemi meme, dans une course, aprez avoir pilié sa maison, y avait mis le feu ; que les besoin de la vie et les tribus quon lavait obligé de payer malgrez cette disgrasse, lavait forsé de faire des deites; que, les intereis sétant insansiblement accumulé, il setait vu reduit a la triste necessitée de ceder son éritage pour en acquitter une partie ; mais que le creancier inpitoyable, nétant pas entieirement payé, lavait fait trainer en prison avec deux de ses enfants ; que, pour lobliger a accélerer le payement de ce qui restait du, il lavait livré a ses esclave, qui, par son ordre, lui avait dechiré le cors : en meme tems il se decouvrit, et montra son doz encore tout sanglant des cous de fouet quil avait reçu.

(VERTOT, *Révolutions romaines.*)

Les accuzateurs de Manlius lui reprochère ſes discours sedicieux, les changement quil avoit proposé de faire dans le gouvernement ses largesses intéressé pour soulver la multitude, et la fauce accuzacion dont il avait ofancé tout le corps du senat. Manlius, sans entrez dans la discucion de ses diferant chefs, ni repondit que par le recit de ses servisse, et des temoiniages quil en avait reçu de ses generaux : il representa des brasselets, des javelos, deuz courones d'or, pour etre entré le premiez dans une ville ennemi par la breiche ; huit courones civique pour avoir sauvé la vie dans des batailles a autant de citoyen, et trente depouille d'ennemis quil avoit tué de sa main en combas singuliez. Il ce decouvrit en meme tems la poitrine, quil fit voir toute couverte des cicatrisses que lui avait laissé les blessure qu'il avait reçu dans ces combas : enfin il apella Jupiter et les autre dieux a son secours ; et, ce tournant vers l'assemblée, il conjura le peuple de jeter les yeux sur le Capitole avant que de le condamner.

(*Le même.*)

## CIV.

Vos seur sont plus sage que je ne lavais pensé. La nouvèle tragedie est mieuz écrite que vous ne laviez imaginé. Baléazar possede plus de tresorts que son pere nen avait amassé. La mortèle offence que vous aviez reçu avait justement exsité toute votre indignacion ; mais la venjeanse terrible que vous en avez tiré a du vous satisfaire plainement. Autant d'ennemis on lui a suscité, autant il en a vaincu. Plus il a rencontré de difficultée, plus il en a surmonté. J'ai reçu les fruis que vous mavez envoyé ; plus jen ai mangé, plus je les ai trouvé délicieuz. Les figures que vous avez vu dessiner ne sont pas dun bon gout ; on les a agrandi dun pouce. On les a fait tracer a votre soeur, qui les à très bien exécuté. Que de rois se sont succédé sur e trone de France ! Que de siecles se sont ecoulé depuis la creation du monde ! Les oreison funeibre de Bossuet sont autant de ché-deuvre. A une male et vigoureuze elocance il joigniait, dans ses sermons, a lavantage que lui donait une vaste erudicion, celuy d'etre plein, solide, instructif. Aussi ces sermon lui atirerent l'admiracion géneral, et lui meritèrent la protection d'un monarque qui sçavait reconaitre et recompencer le geinie partout ou il ce trouvait. Bossuet tenait ché lui des confeirances ou se rassemblait les docteur les plus distingué. On y étudiait lEcriture sainte; chacun apportait ses recherches et ses remarque particuliere; et Bossuet a recueilli, dans les notes quil a donné sur les psaume et sur les cinq livre de Salomon, tout ce qui lui paru digne d'etre conservé. Jamais éveique ne rempli les fonxions de l'épiscopat avec plus d'exactitude et de zele. Ses predicacions, ses reglemen, ses ordonnanse, les cathéchismes et livres de prieires et de pietée quil a composé, et les freiquante tournée quil faisait dans son dioceze, prouve avec quel attention il veiliait sur les fideles confié à ses soin. Bossuet mourut en 1704.

## SUJETS DE COMPOSITIONS (1).

1. Ecrire à une amie qui est dans un pensionnat, qu'on la plaint d'être éloignée de ses parents; qu'elle doit être bien sûre que ses parents gémissent également d'être séparés d'elle; mais que le moyen de les consoler et de se consoler elle-même, c'est de mettre à profit les différentes leçons qu'elle reçoit pour son instruction.

2. Sur la nécessité de réprimer le penchant a la raillerie. Combien le railleur est dangereux ! Il sert son esprit aux dépens de son cœur. Il sacrifie son meilleur ami à un bon mot Une raillerie modérée est le sel de la société. Elle peut servir à corriger des ridicules. Ne jamais railler personne sur les défauts corporels. Comment on doit supporter la raillerie en société.

3. Sur le plaisir de faire une bonne action.

---

(1) Dans le corrigé de cette Cacographie, j'ai placé quelques-uns de ces devoirs, tels qu'ils ont été faits par plusieurs de mes élèves. Je suis loin de croire qu'on ne puisse pas mieux faire. Mais je n'ai rien changé au travail des élèves, et je prie les personnes qui seraient tentées de le juger avec sévérité, de penser que c'est le travail de jeunes personnes à peine âgées de quatorze ou quinze ans.

4. Sur les précautions à prendre dans le choix d'une amie. Quelles qualités on doit désirer dans une amie.

5. Lettre à une jeune personne qui, ayant de la beauté et de la fortune, se croit dispensée d'acquérir des connaissances et des talents.

6. Quels sont les moyens de plaire dans la société?

7. Lettre d'excuses d'une jeune personne à son amie. Les deux demoiselles se sont trouvées dans une société, et ont soutenu chacune une opinion différente. La première y a mis trop de feu, et a outragé son amie. Dire comment on doit se conduire en défendant son opinion contre les autres.

8. Comment on doit se conduire envers ses supérieurs, envers ses égaux, et envers ses inférieurs.

9. Sur l'ingratitude. Tout le monde déteste l'ingrat. Sa conduite tend à refroidir la générosité. Le cœur de l'ingrat est semblable à un désert qui boit avidement la pluie du ciel, l'engloutit et ne produit rien. L'ingrat est un serpent réchauffé dans le sein d'un bienfaiteur, qu'il perce de son dard. Mais l'ingratitude ne doit pas arrêter l'homme bienfaisant

10. Discours dans lequel Eve exprime à Adam ses regrets de l'avoir excité à désobéir à Dieu. Sans elle, sans ses funestes conseils, touts deux seraient encore innocents, et jouiraient de leur bonheur dans l'Éden. Elle frémit à la vue des maux qu'elle a attirés sur son epoux et sur toute la race humaine. Elle voudrait être seule victime, porter seule tout le poids de la colère céleste. Elle le demande à Dieu.

11. Lettre d'une jeune personne qui est allée passer quelque temps à la campagne chez une de ses tantes. La nourrice de cette demoiselle demeure dans le même village. Cette femme est malade, et manque de tout. La jeune personne demande à sa mère des secours pour sa pauvre nourrice. Elle peint la situation dans laquelle elle l'a trouvée. Motifs qu'elle fait valoir, sacrifices qu'elle offre de faire, etc.

12. Lettre sur l'espérance. L'espérance en un des plus grands bienfaits que le Créateur ait accordés à l'homme. Elle nous accompagne dans touts les âges, dans la jeunesse, dans l'âge mûr, dans la vieillesse. Elle nous suit dans la prospérité, qu'elle embellit; dans l'adversité, qu'elle nous aide à supporter. Elle

ne nous abandonne même point dans nos derniers moments, où tout nous échappe; mais elle dirige nos regards vers la félicité céleste que Dieu nous a réservée, etc.

13. Peindre, dans un discours, l'étonnement, la douleur, le désespoir de Caïn, à la vue d'Abel qu'il vient d'étendre sans vie à ses pieds. Il appelle ce frère, et ce frère ne lui répond point. Voilà donc ce que c'est que la mort; voilà l'effet du péché d'Adam! Où Caïn va-t-il se cacher? comment retourner vers sa famille? que répondra-t-il à cette famille? que répondra-t-il à Dieu?

14. Lettre sur la bienfaisance. *Ce n'est que pour donner que le Seigneur nous donne.*

(FLORIAN.)

15. Discours dans lequel Clotilde exhorte Clovis à abjurer le paganisme, et à se faire chrétien. Au moment où ce prince va partir pour combattre les Germains qu'il rencontrera à Tolbiac, Clotilde lui rappelle tout ce qu'elle a déjà fait pour l'engager à renoncer à des dieux de pierre et de bois, à des dieux cruels, que leurs prêtres honorent par des sacrifices humains. Il ne manque à la gloire de Clovis que de reconnaître le vrai Dieu. Clo-

tilde finit en lui recommandant d'invoquer le Dieu des chrétiens, s'il se trouve dans quelque danger, et lui promet le secours de ce Dieu tout-puissant.

16. Lettre dans laquelle on rend compte d'une promenade en bateau sur une rivière. Beauté du rivage. Arrivée à un moulin. Déjeûner champêtre. Retour. Orage, etc.

17. Si nous étions au temps des fées, et que l'une d'elles vous offrît un don qui dût contribuer au bonheur de votre vie, que lui demanderiez-vous? Rendre raison de votre choix.

18. Clotilde détourne ses fils Childebert et Clotaire du dessein qu'ils paraissent avoir formé de massacrer les enfants de Clodomir. Ce n'est que parce qu'ils ont usé de surprise, que ces enfants sont dans leurs mains. Ils doivent en être les protecteurs, et non les bourreaux. Leur cruauté va les rendre l'exécration de leurs contemporains et de la postérité. Ils vont précipiter leur mère infortunée dans le tombeau..... *Que veulent dire cette épée, ces ciseaux*, etc. ?

19. Une demoiselle écrit à sa tante, et lui rend compte du plan qu'elle s'est formé relativement à ses liaisons dans la société. Elle évitera les liaisons *inutiles.* Que ferait-elle

d'une amie paresseuse, ignorante? Le dégoût, l'ennui, l'accompagnent. Elle évitera les liaisons avec des personnes dont les principes, la conduite, sont contraires à la vertu. Le souffle empesté de pareilles amies donnerait la mort à son ame. Elle évitera même les personnes qui ne sont que légères, dissipées, imprudentes. Il ne suffit point de fuir le mal; il faut en éviter même l'apparence : le soupçon seul flétrit la réputation.

20. La reine *Blanche* détourne saint Louis d'accomplir le vœu qu'il a fait, pendant sa maladie, de partir pour la Terre-Sainte. Les évêques déclarent que ce vœu n'est pas obligatoire. Un roi est appelé de Dieu à gouverner lui-même ses peuples, et à les rendre heureux, etc.

21. Lettre sur l'émulation. L'émulation élève l'homme, l'améliore, ennoblit son esprit. Elle est la mère des talents, des arts, des sciences. C'est à elle que nous devons tous les grands hommes, guerriers, poëtes, orateurs, peintres, etc.

22. Le sommeil du riche, et le sommeil du pauvre; tableau par opposition.

23. Burrhus détourne Néron du meurtre de Britannicus. Tirer ses motifs des sentiment

de l'humanité, de la nature, de la gloire. *Est-il las d'être les délices de Rome?*

24. Peindre l'homme juste calomnié, persécuté, condamné même à une mort honteuse. Il n'existe plus pour lui dans l'univers que lui-même et Dieu. Témoignage que lui rend sa conscience. Confiance qu'il a mise dans la justice de son Créateur.

25. Brunehaut demande justice à son époux de la mort de Galsuinde. Les auteurs du crime, Chilpéric et Frédégonde, se sont trahis eux-mêmes par le mariage qu'ils viennent de contracter publiquement. Sigebert laissera-t-il un tel forfait impuni ?

26. Lettre sur l'indiscrétion. Une personne indiscrète est une lettre décachetée que tout le monde peut lire. Mettre en scène une petite miss indiscrète dont les funestes bavardages produisent des querelles dans les maisons, font renvoyer des domestiques, et causent divers accidents dans la société.

27. Faire le parallèle de Thémistocle et d'Aristide.

28. La mère de Coriolan engage cet illustre rebelle à éloigner ses troupes de Rome, sa patrie. Il avait déjà méprisé l'ambassade des senateurs et celle des prêtres. Motifs qu'em-

ploie cette femme. Ce qu'on doit à une patrie même ingrate. Combien il y a de grandeur d'ame à vaincre son ressentiment. La tendresse qu'il avait autrefois pour sa mère. L'accueil qui attend Véturie à Rome, si elle fléchit son fils; la gloire qui lui est réservée même dans les siècles à venir. Ce qu'elle est décidée à faire, si elle le trouve inflexible.

29. Philippine, reine d'Angleterre, détourne Edouard du projet qu'il a formé de livrer à la mort les six patriotes Calaisiens. Motifs tirés de la gloire d'Edouard, du dévouement héroïque des six victimes, de ce qu'elle a fait elle-même pour la gloire de son époux, en combattant contre le roi d'Ecosse, qu'elle a fait prisonnier, pendant qu'Edouard était en France.

30. Lettre de bonne année à un père, à une mère. Une année vient de s'écouler. On se reproche de n'avoir pas fait touts les progrès qu'on aurait dû faire. On connaît mieux le prix du temps. On va s'appliquer sérieusement. On sent que c'est la meilleure manière de prouver sa tendresse à ses parents.

31. Bienfaits du christianisme dans ses établissements en faveur de l'humanité souffrante.

32. Nécessité de réprimer son caractère, et de le porter à la douceur. Les personnes douces se font aimer de tout le monde. La Fontaine a dit : *Plus fait douceur que violence*.

33. Lettre d'une jeune personne à sa mère, à l'occasion du mariage d'une sœur aînée. On voit avec plaisir cette sœur trouver un établissement avantageux ; mais on la plaint d'être obligée de se séparer d'une bonne mère. On se propose de redoubler d'amour et de soins pour cette mère, et de lui tenir lieu de deux filles, etc.

34. L'homme indolent et sans caractère.

Comparer sa vie à celle de la plante. Etablir avec précision quelques points de rapport entr'elle et lui.... Il végète comme la plante.... Incapable de vouloir par lui-même, ne voyant, ne pensant que par autrui etc.... n'aimant personne, n'étant aimé de personne.

35. Parallèle de l'homme ambitieux et de l'homme modeste.

36. On revient de la campagne. Plaisir qu'on y a goûtés pendant un mois. On parle sur-tout d'une longue soirée qu'on a passée a la fenêtre à respirer le frais, et à contempler

le ciel étoilé. Idées sublimes qu'a fait naître le magnifique spectacle. Est-il vrai que les planètes soient autant de mondes habités. Quels sont ces habitants ? etc.....

37. Voyage de Paris à Saint-Cloud par eau et retour par terre.

Partager ce sujet en deux lettres.

La première contiendra le départ par le coche. Moment du départ. Caricatures parisiennes. Lieux qu'on laisse à droite, à gauche. Arrivée. Parc. Château. Dîner, etc.

38. La seconde comprendra le retour. Pont de Saint-Cloud. Avant d'entrer dans Boulogne se retourner pour voir le bourg de Saint-Cloud. Le palais, le parc. Un mot de *Jacques-Clément*. Foire qui se tient dans le parc. Le bois de Boulogne. Abbaye de *Long-Champ*. Passy. Le couvent des *Bons-Hommes*, etc.

39. Voyage au Jardin du Roi.

40. Promenade à Vincennes. Le château. Le parc. *Saint Louis*. Autres souvenirs. Retour. Visite de la manufacture des glaces dans le faubourg Saint-Antoine.

41. Guillaume-le-Conquérant débarque en Angleterre. Il brûle sa flotte. Son discours à ses soldats.

42. Célébrer la générosité et le courage de la comtesse de Nithsdale. Son mari, compris dans une conspiration contre Georges Ier, devait périr sur un échafaud. Sa femme obtint la permission de lui dire un dernier adieu. Elle changea d'habillement avec lui, et demeura prisonnière à sa place. On la mit en liberté, parce qu'on ne put s'empêcher de rendre justice à sa vertu. (MILLOT).

FIN.

www.ingramcontent.com/pod-product-compliance
Ingram Content Group UK Ltd.
Pitfield, Milton Keynes, MK11 3LW, UK
UKHW031845260826
14628UKWH00002B/586

9 782014 446296